GOLDMANN

Buch

Ein deutscher Held – Hermann Eisenkolb ist eine Großstadtgroßschnauze, sentimental, selbstironisch und immer auf der Suche nach dem Geschmack von Freiheit und Abenteuer. Das kann er haben. Als er nach einer durchsoffenen Nacht in einem fremden Sakko aufwacht, geht die Action richtig los, nicht zuletzt, weil sich im Futter des Fummels erstklassiges, unverschnittenes Koks befindet. Nicht seine Schuld, daß er in die Kokain-Szene Berlins gerät. Er muß nur aufpassen, daß er wieder heil herauskommt, und es sieht nicht so aus, als ob Angelique, das Mädchen mit den ferrariroten Haaren, die ganze Angelegenheit vereinfachen würde.

Eisenkolb weiß genau, was Sache ist – daß man bereit sein muß im Leben, auf der Straße, auf den Sprungfedern und am Tresen; Münsterland oder Bahnhof Zoo, es ist immer dasselbe. Mit seinem Erstling »Richtiges Leben« zeigt F. Hendrick Melle, wie ein deutscher Großstadt- und Szenenroman auszusehen hat, fängt den Berlin Beat, den Stakkatorhythmus der Spätpunks und Frührentner, Hiphopper und Hardcore-Schnorrer in bestechender Weise ein. Das Resultat ist »Berlin Alexanderplatz« auf 45 Umdrehungen, abgemischt mit Straßen-in-Flammen-Riffs und Kopfkino-Einsprengseln, wie sie zu jedem Asphaltabenteuer gehören: Tittentango und Tristesse, Mickey-Rourke-Posen und Ich-will-dich-Nummern, Nackenfangschläge und Zungenküsse.

Autor

F. Hendrick Melle, 1960 in Chemnitz geboren, schreibt wie Jan Wolkers, Jörg Fauser und Philippe Djian in einer Person. Melle lebt da, wo man den Puls der Großstadt immer noch am besten fühlen kann, in Berlin, und schreibt momentan an seinem zweiten Roman.

F. HENDRICK MELLE

RICHTIGES LEBEN

Roman

GOLDMANN VERLAG

Umwelthinweis:
Alle bedruckten Materialien
dieses Taschenbuches
sind chlorfrei und umweltfreundlich.
Das Papier enthält bereits Recycling-Anteile.

Der Goldmann Verlag
ist ein Unternehmen der Verlagsgruppe Bertelsmann

Made in Germany · 11/92 · 1. Auflage
Genehmigte Taschenbuchausgabe

Umschlaggestaltung: Design Team München
Umschlagillustration: Jacques de Loustal, Paris
Satz: Uhl + Massopust, Aalen
Druck: Elsnerdruck, Berlin
Verlagsnummer: 42072
Lektorat: SN
Herstellung: Sebastian Strohmaier
ISBN 3-442-42072-5

In der Kreide bei:
Georg Schmidt
Kai-Uwe Bünting

DIE wissen schon, was sie tun:
Dirk Neumann
Uwe Reineke

»Ach, wen vermögen
wir denn zu brauchen? Engel nicht, Menschen nicht
und die findigen Tiere merken es schon,
daß wir nicht sehr verläßlich zu Haus sind
in der gedeuteten Welt.

Rainer Maria Rilke

Inhalt

Abflug

Vor ein paar Tagen dachte ich noch, in Scheiße zu treten wäre ein gutes Zeichen. Wer in Scheiße tritt, kennt den Weg, trägt den Kopf erhoben.

Mir ist das zum letztenmal vor einem Jahr passiert, an einem Tag zwischen Frühling und Sommer. Das Grün der Straßenbäume war noch keine Gewohnheit, die Vögel flogen geile Kurven.

An der Winterfeld, Ecke Maaßenstraße, schaute ich einer Frau im roten Sommerkleid nach. Der Wind spielte mit dem dünnen Stoff, ließ ihn steigen. Das Kleid wurde zur Fahne, unter der ein runder Hintern hin und her tänzelte. Es war eine schöne Fahne, ein schöner Anblick, weil er nichts bedeutete, nur ein namenloser Arsch unter einem dünnen Stück Stoff.

Dabei passierte es.

Da stand ich nun, Spannung im Schritt und Scheiße an den Schuhen. Während die Frau aus meinem Blickfeld entschwand, wischte ich mir die Schuhe an einem Eisengitter ab, fand auch diesen Geruch aufregend und hatte überhaupt kein schlechtes Gefühl.

Heute weiß ich, daß es nicht stimmt. Man tritt in die Scheiße, wenn man 'dran ist. Solchen Sachen wie Schicksal oder Vorsehung will ich damit gar nicht die Schuld geben. Im Gegenteil. Stephen W. Hawking hat ein Buch geschrieben, das die Rätsel des Universums, wenn schon nicht löst, dann wenigstens berechenbar macht. Ich habe in einer älteren Zeitung darüber gelesen. Wird auch nichts nützen.

Ich denke, es hat was mit dem inneren Konto zu tun. Man spürt es nicht, bucht aber so lange ab, bis man bankrott ist.

Dann ist man dran. Dann tritt man rein.

Dann stinkt es zum Himmel.

Hier am Flughafen riecht es nach gar nichts. Die Stimme aus dem Lautsprecher hat gesagt, daß sich der Abflug um sechzig Minuten verzögert. Der Luftraum über Berlin ist voll.

Die beiden Geschäftsmänner in grauen Sakkos und mit schwarzen Aktentaschen unterhalten sich leise. Ständig schauen sie auf die Uhr. Als ob das was ändern würde.

Zwischen all den unerfreulichen Gesichtern gibt es in der Abflughalle eine junge Frau mit einem kleinen Mädchen auf dem Arm. Das Mädchen will dort nicht sitzen, will aber auch nicht auf den Boden. Weil es nicht weiß, was es will, heult es. Ich kenne diesen Zustand, und deshalb verstehe ich das Heulen.

Die Mutter lächelt entschuldigend in die Runde. Man möchte zu ihr hingehen und ihr sagen, daß sie sich nicht zu entschuldigen braucht. Niemand braucht sich zu entschuldigen.

Ich gehe nicht zu ihr. Ich will nicht auffallen.

Ich habe etwas Geld in der Tasche und eine Leiche im Keller.

Das ist genug für einen Mann meines Alters.

Die Leiche heißt Sebastian. Als er noch gelebt hat, nannten ihn alle Key. Als ich ihn zum letztenmal sah, saß er auf Georgs weißem Schreibtischstuhl, das Gesicht zur Tür, die Augen geschlossen. In seiner Brust steckte Georgs Samuraischwert. Wie ein gigantischer Anstecker nagelte es ihm das graue Shirt ans Brustbein. Blut war nicht zu sehen. Nur auf den Lippen rötlicher Schaum. Durch eine Schwellung war der rechte Mundwinkel nach oben gezerrt.

Es sah aus, als würde er lachen.

Ich hatte noch nie einen Toten gesehen. Es war nicht so schrecklich, wie ich gefürchtet hatte. Wird man mit dem Tod plötzlich konfrontiert, paßt er zu diesem Leben.

Claudia fand mich bewußtlos auf dem Boden. Key hatte sie gerufen, kurz bevor er ein Loch in die Brust bekam.

Sie sagte, er sei ziemlich nervös gewesen, als er anrief. So nervös, wie einer wie Key eben sein kann.

Er hatte geahnt, daß was schiefläuft. Er wußte nur nicht, was.

Claudia denkt, daß es die Bolivianer waren. Das wäre möglich. Die kämpfen am härtesten um ihre Anteile am europäischen Binnenmarkt. Aber die waren es nicht. Es gibt noch eine ganze Reihe Leute, die ihm, glaube ich, ans Leder wollten. Die waren es auch nicht.

Ich weiß, wovon ich spreche.

Key war kein schlechter Kerl. Etwas zu heftig vielleicht. Vielleicht zu verspielt. Ich kann das nicht sagen. Dafür ist er in meinem Kopf noch zu lebendig. Manchmal sagte er plötzlich so was wie »Es ist die Ambivalenz, die die vollkommensten Systeme bedroht« oder »jeder Terminus wird exterminiert«. Hinterher war ihm das peinlich.

Key hat ein Softwareprogramm entwickelt, mit dem man die Börsenkurse und -bewegungen taktisch drei Tage und strategisch bis zu sechs Monate im voraus berechnen kann. Das hat etwas mit fraktaler Geometrie, der »Hausdorff-Dimension« und einer bestimmten Formel zu tun.

Was ist das? Das darf mich niemand fragen.

Aber wenn es stimmt, war er den Rätseln des Universums nicht weniger auf der Spur als Stephen W. Hawking.

Mit dem Programm wollte er die Börse sprengen. Damit er an der Börse aktiv werden konnte, brauchte er Geld.

Er war ein Dealer – deshalb.

Ich weiß nicht, ob das die einzige Möglichkeit ist, um an Geld zu kommen. Aber ich weiß auch keine andere.

Fast alles, was ich über Key weiß, weiß ich von Claudia.

Sie hat mich vom Fußboden auf Georgs Bett gezerrt und mir kalte Umschläge gemacht, bis ich wieder einigermaßen klar war. Sie hat die Fingerabdrücke von den Türen gewischt und gesagt, daß es besser sei zu gehen.

Key ließen wir sitzen, die Tür offen. Ein paar Straßenekken weiter stiegen wir in ein Taxi.

»Wie ist es passiert?«

Sie verzog keine Miene, der Taxifahrer summte eine Melodie aus dem Radio mit.

»Ich war es nicht«, sagte ich. Ich konnte mich nicht erinnern. Mein Kopf schmerzte.

Sie nickte.

Ich ahnte, woran sie dachte.

Bei ihr zu Hause mußte ich mich erst mal hinlegen.

Als ich wieder aufwachte, war ich nackt, und Claudia lag neben mir. Das war in Ordnung. Sie hat mir alles erzählt, was sie wußte, oder was sie mir erzählen wollte.

Key war Claudias Bruder. Ich hatte gedacht, er wäre ihr Zuhälter gewesen. In gewisser Weise war er das auch. Sie hat jede Mark in seine Idee gesteckt. Er war ihr großer Bruder. Er hat immer einen Grund gewußt. Sie wird es zu Ende bringen.

»Ökonomie der Verschwendung«, sagt sie, habe Key gesagt. Sie bekommt einen bodenlosen Blick, wenn sie davon spricht.

Sie ist seine Schwester. Sie hat die Diskette. Deswegen rief Key sie an. Er hat ihr gesagt, wo sie das Ding findet.

Ich glaube nicht, daß Key ein schlechter Verlierer war. Wenn er wirklich soweit im Kopf war, dann mußte er damit rechnen – der Chaosfaktor. Rund 4,2. Vielleicht sah es nicht nur so aus, als würde er lachen.

Vielleicht hat er gelacht.

In Genf gibt es einen Banksafe auf den Codenamen Sidney Schlosser. Dort liegt eine größere Menge Geld. Jemand muß Diskette und Geld in Frankfurt zusammenbringen. Claudia hat gefragt, ob ich für sie nach Genf fahre. Sie wird in der nächsten Zeit sehr vorsichtig sein müssen.

Ich habe nein gesagt. Ich habe nicht gesagt, warum. Sie hat es auch so verstanden. Die Beule ist fast weg.

Berlin hat sich erledigt. Ich fliege nach London. Claudia hat mir die Adresse einer Freundin gegeben, die mal mit ihr im Sugar-Club gearbeitet hat. Dort kann ich vorerst wohnen. Das Geld wird eine Zeitlang reichen. Ich werde spazierengehen und nachdenken. Es gibt nichts mehr, was mich drängt. Auch in mir nicht.

Sobald ich aus Berlin raus bin, wird Claudia anonym bei der Polizei anrufen und sagen, daß dort und dort eine Leiche liegt. Sie kann den Gedanken an Key mit dem blassen Gesicht auf dem weißen Stuhl nicht ertragen. Auch mir wird ganz anders, wenn ich daran denke.

Es wird eine Weile dauern, bis die Bullen das Puzzle zusammen haben. Vielleicht wird in einigen Monaten der häßliche Mann im Fernsehen die Leute dazu aufrufen, ein bißchen in Keys oder meiner Spur zu schnüffeln. Aber darauf ist geschissen. Ich bin fort, und Key ist tot.

Ich glaube nicht, daß es ihn noch stört.

Auf dem Weg zum Flughafen bin ich noch einmal bei Karen vorbeigefahren. Ich wollte ihr den Schlüssel zur Wohnung zurückgeben.

Ich fand sie etwas verwirrt und mit einem Neger im Bett. Sie sagte, daß er John heißt.

Das war mir egal. Ich wollte ihr nur meinen Schlüssel geben, und verabschieden wollte ich mich auch, wegen der Reise und der Zeit, die wir zusammen waren.

Sie wollte wissen, wie lange ich weg bin.

Ich sagte, sie könne davon ausgehen, daß ich nicht zurückkäme, und sie brauche mir keine Telefonnotizen mehr zu machen.

Niemand wird anrufen.

Es war kurz vor fünf Uhr morgens, wir hatten drei Jahre zusammengelebt. Wir standen uns im Flur gegenüber. Karen war verschlafen und ich im Kopf schon ein ganzes Stück weg.

»Was soll ich machen?« fragte Karen.

»Nimm dir 'nen Schwaben«, sagte ich. »Die sind sparsam, zahlen pünktlich und haben außer ab und an ein bißchen Dope keine Laster.«

Karen nickte.

Ich küßte sie auf die Wange, und dann war es vorbei.

Die Abfertigung hat begonnen.

Ich habe London vor mir, eine Reisetasche neben mir und ein leichtes Stechen im Kopf. Das Stechen kommt von der Beule und der Erkenntnis, daß Key tot ist.

Nichts Außergewöhnliches bleibt zurück.

Die Gangway wippt unter meinen Schritten, der Morgenwind streicht über die Maschine, und die Stewardeß lächelt, als wäre es das erste Mal.

Vor ein paar Tagen hätte ich das nicht für möglich gehalten. Ich fühlte mich wie der Letzte der Gerechten, alleingelassen zwischen Nutellabroten, Verzweiflung und Tagesschau. Ganz besonders übel war es an dem Tag, an dem dieses Ende begann.

Georg und ich saßen auf dem Balkon, schauten auf den Winterfeldplatz und rauchten einen Joint. Der Himmel war marokkoblau, die Blumen auf der Balkonbrüstung dorrten vor sich hin. Es waren Karens Blumen. Ich hatte vergessen, sie ab Mittag in den Schatten zu stellen.

Georg zeigte auf einen schwarzen Mann in einer weißen Tunika, der über den Platz lief. Er sagte etwas über die Weite, die man für den Blick brauche, und daß nur jemand so stolz laufen könne, der mit einem Horizont vor Augen aufgewachsen sei.

Mein Mund war von der Hitze ausgetrocknet.

Ich nickte, stand auf und fand im Kühlschrank einen Rest von Karens Sekt.

»Du solltest aufhören, auf dem Balkon rumzuhocken«, sagte Georg, als ich zurückkam. »Von oben runterzugucken ist auf die Dauer nur was für Alte und Weise. Von beidem bist du noch ein Stück entfernt. So viel ungefähr...« Er zeigte einen hinterhältig kleinen Abstand zwischen Daumen und Zeigefinger.

Das waren ziemlich neue Töne. Die letzten Monate hatten wir damit verbracht, auf den rot-weiß gestrichenen Sendemast der Post zu starren und abwechselnd geräuschvoll Luft durch die Nase zu entlassen.

Irritiert hob ich eine Augenbraue. »Und der Herr selbst?«

Georg schüttelte den Kopf. »Mit dem Herrn ist das so eine Sache... und was mich betrifft, ich kann mich schon zu beiden rechnen, zu den Alten und zu den Weisen.« Er lachte sein leises, wippendes Lachen. »Nicht nur Joints wegrauchen, sondern auch Erfahrung machen... beunruhigende, wunderbare, spirituelle. Meine Generation...«

»Deine Generation hat die Beatles erfunden, sich Blumen ins Haar gesteckt und die Weltrevolution angezettelt...« Ich winkte ab. Georg war zwanzig Jahre älter als ich, und obwohl er sonst ein durch und durch vernünftiger Kerl war, konnte er es nicht lassen, von Zeit zu Zeit zu schulmeistern.

»Läster ruhig«, sagte Georg, »aber da war wenigstens noch etwas mehr als diese große Eitelkeit... jedenfalls wollten wir noch was. Was willst du, außer deine Wunden lecken?«

Die Antwort kostete mich ein Schulterzucken: »Ich will, daß das Gute siegt, jede Menge Filme mit Happy-End und keine Probleme. Reicht das?«

»Glaube nicht.«

Der Joint war aufgeraucht. Georg drückte ihn an der Balkonbrüstung aus. Die war schwarzgefleckt wie eine alte Landkarte. Er hatte kaum einen Zug genommen.

»Ich gehe«, sagte er.

Ich nickte. Das war nicht unser Tag.

Als er aufstand, legte er seinen Schlüsselbund auf den kleinen Tisch, der zwischen den Liegestühlen stand.

»Was soll das?«, fragte ich.

»Es gibt keine Blumen zu gießen«, sagte Georg, »Du kannst die Wohnung für ein halbes Jahr haben. Mindestens. Ich geh nach Brasilien.«

Ich setzte mich wieder, nahm den Schlüssel in die Hand.

Georg winkte ab. Es gab nicht viel zu erzählen. Er hatte einen Job in einem Kernforschungszentrum in der Nähe von São Paulo angenommen.

Alles war sehr schnell gegangen.

Das letzte von Georgs Projekten war aufgrund eines Gutachtens eingestellt worden. Das Gutachten hatte er selbst erstellt. Er hatte sehr an dem Projekt gehangen.

Als Wissenschaftler war er unbestechlich.

Ich hatte nie gefragt. Teilchenphysik hat mich immer verwirrt.

Ich habe einen Hang zu größeren Lösungen.

Ich brachte Georg zur Tür und legte den Schlüssel auf die Schuhkiste im Flur. Dann ging ich in mein Zimmer.

Ich legte eine Platte von Mozart auf. Das mache ich immer, wenn mich was bewegt und ich die Richtung noch nicht weiß. Mozart wirkt klärend. Er reduziert die eigenen Gedanken auf ein gesundes Maß. Das ist der Spott, der in der Musik liegt.

Georg hatte mich nicht gebeten, ihn zum Flugplatz zu bringen. Ich hatte nicht gefragt. Ich folgte dem Hauptthema der Streicher und ließ Georgs Flieger vor meinen Augen starten. Dann war er fort.

Zuerst war ich wütend. Ich spürte Verrat. In Stunden gemeinsamen Schweigens hatten wir uns darauf geeinigt, daß Georgs Leben vorbei war und auch ich schon den Zenit überschritten hatte. Aber dann schlichen sich Bilder von Palmen, Skylines von Städten und ein böser, wilder Rhythmus in mein Denken. Mein Gott, dachte ich, Brasilien ist herrlich und weit.

Statt der Welt zu zeigen, was eine Harke ist, hatte ich mich im Kleinkrieg mit Karen verzettelt, hatte mich betrunken, um Liebe gebettelt, Geschirr zerschlagen, Zusammengehörigkeit beschworen. Mit Vorwürfen und Gebrüll hatte ich gegen verkniffene Schamlippen und Migräne, Übelkeit und Dauerblutungen gekämpft.

Ich war vierundzwanzig, wurde fünfundzwanzig, und nichts hatte sich geändert.

Mit fünfundzwanzig kann man nicht mehr tun, als ginge einen das alles nichts an. Mit fünfundzwanzig ist man nicht mehr jung. Dafür ist die Zeit zu schnell, auch wenn alle das Gegenteil behaupten. Es gibt keinen Grund, ihnen zu glauben. Sie sind nur auf ihre Sicherheit bedacht. Sie haben Angst. Sie haben Angst vor allen, bei denen der Verfall noch nicht soweit vorangeschritten ist. Sie sagen, daß man noch Zeit hat, daß man wählen kann. Das sind lauter Lügen. Sie wollen, daß man ihnen vom Leib bleibt. Deshalb erfinden sie das Ding mit der Sicherheit. Das mit der Sicherheit ist raffiniert. Verfall macht raffiniert. Verfall macht klug. Nur wer klug ist, kann sich den Bauspar- und Postsparbuchtrick ausdenken. Die Klugheit ist der einzig positive Aspekt des Verfalls. Wenn man das nicht schafft, kann man gleich einpacken. Das hat nichts mit Intelligenz zu tun. Mir haben sie immer gesagt, ich sei intelligent. Es hat einen Scheiß genützt.

Nachdem die Platte zu Ende war, war ich traurig.

Ich hasse es, zurückzubleiben.

Es tat mir weh, daß Georg nicht mehr da war.

Wenn die Vögel Flügel hätten

In der U-Bahn roch es wie in einer heißen Bockwurst.

Ich ließ mich auf den letzten freien Platz fallen und streckte die Beine aus. Fünfundzwanzig Grad Celsius hatten die Morgennachrichten gemeldet. Zweiunddreißig sollten es werden. Die Leute begannen aus dem Leim zu gehen. Hier am Kopfende des Waggons war man wenigstens auf einer Seite gegen Körperkontakte gedeckt.

Eine türkische Mama hatte versucht, mich beim Einsteigen mit dem Ellenbogen zu blocken. Jetzt stand sie eingekeilt zwischen einer Gruppe japanischer Studenten und war gerade dabei, sich bei ihrem Mohammed über mich zu beschweren.

Mir reichte mein Drama.

Seit gestern nachmittag wohnte ich in Georgs Wohnung. Ich war bei Karen ausgezogen. Der Anlaß klingt läppisch; es war ein Nutellaglas.

Als ich gestern morgen zum Kühlschrank schlurfte, war das Nutellaglas leer. Auf dem Kühlschrank lag ein dick mit Nutella bestrichenes Brötchen. Darauf war eine Zigarette ausgedrückt. Sie hatte nur einmal davon abgebissen. Das war doppelt fies. Ich war seit einigen Wochen Nichtraucher. Es war mir nicht leichtgefallen. Karen wußte das.

In der Ecke standen leere Coke- und Sektflaschen, überall schmutziges Geschirr und Kleidungsstücke. Das Grün, in dem Karen die Küche gestrichen hatte, war schon bei Tag nicht zu ertragen – morgens war es eine Katastrophe.

Ich stand an den Kühlschrank gelehnt, schaute zum Fenster und mit einem Mal hielt ich es nicht mehr aus: Das Nutellabrötchen hinter mir, meine Füße unter mir, die Decke über mir und das Fenster voller Himmel – auf der Kiste im Flur lag Georgs Schlüssel.

Es gab keinen Grund mehr zu bleiben.

Ich holte mir eine blaue Mülltüte aus dem Schrank unter der Spüle und ging in mein Zimmer. Viel hatte ich nicht mehr, und noch weniger, was zu behalten sich lohnte. Die Boxershorts mit den Fröschen waren wichtig, mein grünkariertes Jackett. Es war maßgeschneidert und sauteuer gewesen. Ich hatte es mir machen lassen, als ich mal beinahe in einer Talkshow aufgetreten wäre. Der Sender schickte dann jemand anderen.

Ich überlegte, ob ich Karen einige Zeilen des Abschieds auf den Spiegel schreiben sollte.

DANKE FÜR DIE ZEIT.

OH, LIEBLING, ICH MUSS DICH VERLASSEN schien mir am passendsten. Beim Ansatz zum O brach der Lippenstift ab. Ein anderer war nicht zu finden. Es blieb ein verschmierter roter Strich. Als wenn es zu einem Herz nicht gereicht hätte.

Den blauen Müllsack in der Linken, mein Hi-Fi mit Henkel in der Rechten, stolperte ich aus der Wohnung.

Ohne Geld für ein Taxi blieb mir nur die U-Bahn.

Den Plastiksack zwischen den Beinen, den Ghettoblaster auf dem Schoß, so saß ich neben anderen mit Plastiktüten und Ghettoblastern bepackten Typen.

Die Größe lag im Augenblick.

Ohne Warnung war es Abend geworden. Im SFB spreizte sich Monika Dimbel, gab sich als Erfinderin eines jeden Musikstils und erzählte den Leuten an den Empfängern, wie unheimlich toll sie sich fand.

Das Geschnatter ging mir auf die Nerven. Ich war zu faul, die Suchlauftaste zu drücken, um die Station zu wechseln. Ich lag auf Georgs Designerbett, starrte auf die weißen Wände und dachte daran, mir Visitenkarten machen zu lassen. Visitenkarten sind wichtig, damit man weiß, wer man ist. Als ich beim Sender war, hatte ich welche. Das kam gut an – bei Frauen und bei Trunkenheit. Ich konnte Georgs Adresse angeben. Für ein halbes Jahr war das okay.

Es gab niemanden, der sich für meine Visitenkarten interessierte. Alle waren fort. Sommer ist wie Pest. Jeder versucht sich in Sicherheit zu bringen.

Ich wollte an was anderes denken; an dicke Titten, an eine Szene aus Monty Pythons »Sinn des Lebens«, aber da war es schon zu spät: Das heulende Elend hatte mich an der Gurgel.

Das heulende Elend ist niederträchtig. Gerade denkt man, man ist ihm entkommen, da steht es vor einem. An Sonnentagen ist es besonders gemein. Dann kann man nicht hoffen, daß es verschwindet, wenn die Sonne kommt. Dann sind alle Poren offen. Es dringt ganz tief ein, stößt einem die Faust in den Magen, drückt einem die Luft ab. Und dann liegt man da und es gibt niemanden, der weiß, daß man auf dieser Welt ist.

Im Kühlschrank stand eine Flasche Chablis. Kalter Weißwein ist ein gutes Mittel gegen das heulende Elend. Außer ihm helfen noch Calvados, Cognac, Whisky, Pernod, Wodka und was gerade da ist. Die Flasche leerte sich schnell. Die Namen im Radio interessierten nicht mehr. Ich war ans Fenster gekrochen, um die Stimmen zu hören. Die Stimmen der Dämmerung; Novalis und seine romantische Truppe – sie sangen tröstende Psalmen.

Die Flasche war leer, das heulende Elend hatte sich verzogen. Ich starrte in den Himmel und hatte das Gefühl, eine Ewigkeit so liegen zu können. Der Himmel war noch immer blau und wurde weit und weiter.

Die S-Bahn Richtung Mariendorf war leer. Zum Wannsee und in den Grunewald fährt man in die entgegengesetzte Richtung. Hier fuhren nur Leute, die mußten. Männer mit Kalkgesichtern und Frauen mit schwieligen Händen.

Ich stieg in Mariendorf aus.

Das Fritz-Reuter-Werk sah von weitem aus wie ein gestrandetes Schiff. »...und dann gehen sie einfach auf den grauen, alten Dampfer zu«, hatte es die Frau am Telefon beschrieben. Unter dem Dach sollten die Marktforscher sitzen: Hoch genug war es.

Vor einigen Wochen sah ich wie gewöhnlich die Stellenangebote im »Tip« und in der »Zweiten Hand« durch. Mir fiel eine Anzeige auf, in der kommunikative Menschen für eine leichte Tätigkeit gesucht wurden. Ich rief an, um mich zu erkundigen.

»Interviews, Telefonbefragungen«, erklärte eine sanfte Frauenstimme.

Ich hatte mal Wein auf Provisionsbasis verkauft – am Telefon. Der Chef des Ladens war ein elender Wichser. Die paar guten Adressen, mit denen wirklich Kohle zu machen war, schanzte er denen zu, die ihm auf dem Klo einen bliesen. Der Rest konnte sich die Zunge zu Leder reden. Ständig besoffen war er, und dann bekam er Probleme mit der Optik und fummelte jeden an, der ihm vor die Flinte kam.

Nach vierzehn Tagen gab ich auf.

Bei TEMPO, Institut für Markt- und Meinungsforschung, wurde ein fester Stundenlohn gezahlt und die Stimme klang korrekt. Leider waren gerade alle Stellen neu besetzt.

Ich sagte der Stimme, daß ich den Job will. Dann sagte ich es noch mal. Dann sagte ich, daß ich gesagt hätte, daß ich den Job will.

Die Stimme versprach anzurufen, sobald wieder etwas frei sei.

Das war zwei Wochen her.

Vorgestern rief sie an.

Ein einsamer Gabelstaplerfahrer sicherte nach links und rechts und setzte dann über die Straße. Die Sonne voll im Gesicht, stapfte ich auf das Fritz-Reuter-Werk zu. Zwölf Mark die Stunde sollte es geben. Das war nicht viel für einen Mann meiner Qualifikation. Ich hatte zwei Semester Publizistik studiert und wäre beinahe ein erfolgreicher Rundfunkmensch geworden. Das war schon einige Zeit her und niemand ist interessiert an dem, was jemand irgendwann mal gemacht hat. Es sei denn, er hat seine Steuern nicht bezahlt.

Der Pförtner zerdrückte eine filterlose Zigarette und schob mir wortlos eine Liste zu. Anmeldung TEMPO stand darauf.

Ich machte drei Kreuze und schob sie zurück.

Im Aufgang roch es nach Maschinenöl. Vertreter der proletarischen Kleinkunst hatten behaarte Fotzen in die Wände geritzt und auf grindigen Ölsockeln ihre Fingerabdrücke hinterlassen.

In reiner Herrlichkeit strahlte die Welt der Statistik unter dem Dach: Weiß gestrichene Wände, grau abgesetzte Flächen und eine Tür, die sich ohne Laut öffnen und schließen ließ. Ich trat ein und schaute mich nach jemandem um, dem ich sagen konnte, daß ich da war.

Ein Rockabilly mit blauschwarzem Haar saß in einer Glasvitrine und spielte an einem Computer. Ich suchte nach einer Lücke im Glas.

»Ist dir zu helfen?« Die Stimme kannte ich vom Telefon.

Die Frau war um die dreißig. Sie trug einen Fransenhaarschnitt, eine weiße Bluse und Jeans. Sie war der sportlich-lässige Typ, bei dem man sich schnell um ein paar Jahre vertun kann.

Während ich zwischen Sie und Du schwankte, bemerkte ich, daß ihre Bluse nicht eigentlich weiß, sondern eher transparent war und für ihre zierliche Figur bedeutende Einsichten offenbarte.

»Hermann Eisenkolb«, stellte ich mich vor.

»Wir kennen uns vom Telefon«, sagte sie und gab mir lachend die Hand. Sie hieß Birke und hatte sich meinen Namen gemerkt.

»Nichts Besonderes«, winkte ich ab. »Die meisten Leute merken sich dieses teutonische Ungetüm von einem Namen, weil sie ihn zuerst für einen Witz halten. Ich habe fünfundzwanzig Jahre gebraucht, um mich daran zu gewöhnen.«

Birke fragte, ob ich ihren besser fände.

»Na Gott«, sagte ich. »Birke... russische Wälder, Körbe voller Früchte, herrliche Weite... wunderbare Aussichten...« Wenn die übrigen Leute hier auch so sind, dachte ich, wird es vielleicht ganz nett.

Birke führte mich durch einen großen, hellen Raum. In Dreiergruppen saßen Männer und Frauen vor Computern. Jeder trug einen Knopf im Ohr, alle hatten Mikrophone vor den Lippen. Alle wirkten sehr ernsthaft, so, als wären auch Operationen möglich. Das lag am dominierenden Weiß.

In einer Nische stand ein großer, runder Tisch mit Tassen und einer Thermoskanne.

Birke blieb stehen.

Die um den Tisch saßen alle wie Korsetträger.

Das waren die Neuen.

Es gab keinen Grund, sich die Namen zu merken, die reihum genannt wurden. Belanglos interessierte Gesichter, Burschen mit dünnen Bärtchen über der Oberlippe und Mädchen mit verhuschten Kajalstrichen um die Augen. Die kannte ich aus meiner Unizeit. Saßen sich die Ärsche in jedem Seminar platt und stopften Wissen wie Hamburger in sich hinein. Mit denen war, außer Staat, nichts zu machen.

Birke fragte Namen ab und machte Häkchen auf einer Liste.

Ein Witzbold nannte auch seine Schuhgröße.

Mit einem Kaffee aus der Thermoskanne saß ich zurückgelehnt und alles war harmlos und nett, als weiter rechts ein Mädchen seinen Namen nannte. Angelique.

Mit einem Schlag war nichts mehr harmlos. Schweiß stand mir in den Achselhöhlen, die Kaffeetasse in meiner Hand begann zu zittern. Es machte »Klick«, und dann lief es ab wie Kino:

Ein Verkehrsschild mit einer Entfernungsangabe in Meilen steht wie vergessen; von Sehnsucht gejagte Wolken ziehen darüber hinweg. Der Held steht mit vorgebeugten Schultern eingekeilt zwischen den grauen Fassaden der Häuser. Der Held ist kein Sieger. Es gibt nichts mehr zu gewinnen. Er schlägt den Kragen seiner Jacke hoch und geht, geht die drei Stufen hinab zu einem Kramladen.

Im Geschäft riecht es nach Seife und billigem Parfüm, vielleicht nach Kaffee. Der Held klopft mit einem Geldstück auf den Ladentisch. Da erscheint sie. Sie ist keine Schönheit, aber sie ist wunderschön. Sie weiß genausoviel vom Leben wic er. Und in dem Moment, in dem sie sich anschauen, bekommen ihre Augen Farbe, so wie in »Rumble Fish« die Fische. Und der Held weiß sofort, daß er der Frau nichts erzählen muß, und die Frau weiß, daß er sie nichts fragen wird, was sie ihm nicht selbst sagen will. Sie fassen sich nicht an, sie nehmen sich in Besitz.

Bevor das passiert, sagt einer von beiden okay, wie das nur jemand sagen kann, der weiß, daß ein gutes Okay das Schwierigste ist, was man heutzutage sagen kann. Und es ist egal, ob die Frau es sagt oder der Mann, denn wenn es Liebe ist, kann einer für zwei sprechen und es ist Liebe.

Sie saß zwei Stühle weiter, die Arme gelangweilt über der Brust verschränkt. An ihrem Handgelenk hing ein bißchen Gold, der Lack an ihren Nägeln war frisch. Sie war keine Erscheinung aus Licht und Traum. Gut sah sie aus. Vielleicht ein bißchen mehr als gut. Ihr Haar war rot wie ein Ferrari, ihre Haut reinweiß. Aber das war nicht Grund genug, mich derart aus der Fassung zu bringen.

Eisenkolb, versuchte ich mich zu ermahnen, Eisenkolb, dir drückt der Pimmel ins Hirn. Kritisch betrachtet schien es, als wäre ihr Mund zu dick, ihre Augen zu groß, ihre Nase zu breit. Trotzdem oder gerade deshalb – ich stellte mir vor, mit ihr bei einem Italiener zu sitzen, wo es Muscheln gibt, Garnelen und andere Schalentiere, die man mit den Fingern essen kann, und ihre Lippen glänzen feucht, und Saft tropft ihr vom runden Kinn, und ich nehme ihre Finger in den Mund...

Was weiß ich, weshalb ich an Essen dachte. Mein Magen knurrte.

Birke sagte, daß es keine Probleme gibt. Es kommt auf eine positive Grundeinstellung und ein Stück Einfühlungsvermögen an. Der Mensch braucht ein Erfolgserlebnis.

Das war das Mutmachprogramm. Sie versuchte die ganze Sache new-akne-mäßig aufzuziehen. Sie hatte ihren Capra gelesen. Ich mußte grinsen.

Birke fragte, was es zu lachen gäbe.

Ich sagte, daß ich eine Weile Wein übers Telefon verkauft hätte.

»Ach so«, sagte Birke.

»Ja«, sagte ich.

Die Schulung dauerte zwei Stunden.

Ich trank fünf Tassen Kaffee und ging sechsmal aufs Klo. Mein Nachbar legte seine Zigaretten nach der dritten, die ich mir genommen hatte, auf die andere Seite. Das war nicht schlimm. Ich war Nichtraucher. Mit seinem Gewackel versperrte er mir den Blick auf die Rothaarige. Ohne sie war die ganze Szene nichts wert. Zum Schluß durften alle einmal an die Computer fassen – das war es. Keine Arbeit.

Ich hatte damit gerechnet, sofort Kohle mitzunehmen. Ich brauchte das Geld. Ich hatte für den Abend eine Verabredung mit Claudia. Ich hatte keine Lust, wie ein arbeitsloser, schwarzer, schwuler Türke neben ihr zu stehen.

Von einem mittelblonden jungen Mann in einem schikken, grünkarierten Jackett wird erwartet, daß er zahlt. Jedenfalls dann, wenn er sich mit einer Frau trifft, die Wert darauf legt, Frau zu sein.

Ich ging zu Birke und versuchte ihr klarzumachen, daß meine zukünftige Arbeit dem TEMPO-Institut schon jetzt fünfzig Deutschmark wert sein müßte.

Birke lachte.

»Ich weiß nicht, was es über das Elend eines Mannes zu lachen gibt«, sagte ich.

»Keine Sorge«, beruhigte mich Birke, »es ist genug Arbeit da. Die ist zwar nicht für die Neuen gedacht, aber wenn du es nötig hast, kannst du morgen gleich mit einsteigen.«

»Sicher M'am«, beteuerte ich, »sie werdens nich bereun, M'am. Gleich früh werde ich da sein...«

Sie hätte mir auch privat was geborgt, wenn ich es darauf angelegt hätte. Ich zog den guten Eindruck vor und verabschiedete mich.

Als ich aus dem Werkstor trat, hatten sich die restlichen Neuen schon verstreut. Schlimm war, daß die Rothaarige sicher dachte, ich würde Birke schöntun.

Wie ein Rindvieh trabte ich den Weg zum gewohnten Stall. Als ich auf dem Winterfeldplatz stand, fiel mir das auf. Spätpunks und Frührentner hingen auf den Bänken herum, Feierabendalkis versammelten sich auf einen Kurzen am Kiosk, und Rollschuhfahrer drehten ihre Achten. Ein zwölfjähriger Junge testete das Gewicht der Kette, mit der ein schwarzes Rennrad an einen Laternenpfahl geschlossen war. Er rüttelte daran und lachte, als er mich sah.

Ein Schwarzer in einer leuchtend weißen Tunika streifte

mich, die Hände vor der Brust gefaltet. Ich grüßte ihn, auch von Georg. Vielleicht war er ein radikaler Fundamentalist, und man kann ja nie wissen.

Als ich mich wieder umdrehte, waren der Junge und das Rennrad verschwunden. So was ist auch eine Möglichkeit.

Meine Finanzsorgen beunruhigten mich. Der Unterschied zwischen einem Entrecote und einer Boulette ist kein ideologischer. Man schmeckt ihn. Die erste Zeit nach dem Sender hatte ich von den Reserven leben können. Ich verkaufte einige Erbstücke. Der Biedermeierschrank meiner Großmutter brachte ein Vierteljahr. Es war ein exzellentes Stück. Aus dieser Richtung war nichts mehr zu erwarten. An die Zeit vor dem Sender wollte ich nicht denken.

Ich schaute auf die Uhr neben dem Zeitungskiosk.

Karen war mit Sicherheit noch auf dem Set. Ich kannte ihre »special places«. Ich hatte ein Recht darauf, mir was zu nehmen. Ohne mich wäre sie nie ins Filmgeschäft geraten. Höchstens als Komparse.

Ich machte damals ein Rundfunkfeature über einen Krimi, der in der Stadt gedreht wurde. Hinterher ging ich mit der Crew noch einen trinken. Ob sie jemanden brauchen könnten, der gelernter Dekorateur sei, fragte ich. Die Requisite brauchte einen Assistenten. So einfach war das.

Jetzt machte Karen diesen Job. Es lief gut. Letzten Monat hatte sie sich einen Anrufbeantworter gekauft.

Seit Jahren versteckte Karen ihre Scheine im Nähzeug. Eine Erinnerung an die Zeit, als sie noch Indienkleider nähte. Ich zog mir einen Blauen. Davon waren die meisten da.

Ein Schlüssel klapperte im Schloß. Auf Zehenspitzen verschwand ich auf dem Balkon.

»Dein Leben möchte ich haben«, sagte Karen, als sie neben mir stand.

Ich räkelte mich aus dem Korbsessel, blinzelte in die Sonne.

Karen sah nicht gut aus. Mit Abstand konnte ich das objektiv beurteilen. Sie hatte Ringe unter den Augen und unter der antrainierten Bräune war sie blaß. Das war die Hitze. Die beschleunigte den Verfall. Bald würde ihr Hintern schlaff werden, der Bauch Falten werfen. Das war nicht mehr mein Problem. So ihrem Schicksal ausgeliefert, fand ich sie fast sympathisch.

»Weißt du, wann ich letzte Nacht gekommen bin«, wollte sie wissen.

Das war ein harter Schlag. Ich hatte darauf spekuliert, daß ihre Augenringe was mit mir zu tun hatten. Fehlanzeige!

Ich trug ihr Geld in der Tasche und beherrschte mich. »Nein«, sagte ich, »ich habe geschlafen. War es hart?«

Karen nickte. Bleich und klein stand sie im Türrahmen.

»Wollte dich keiner?« fragte ich.

»Vergiß es«, sagte sie, »die wollen alle nur meinen Arsch.«

Ich sagte: »Ich dachte, das wüßtest du schon.«

Karen steckte sich eine Zigarette an. »Statt sachlich zu fragen, reden die den ganzen Abend davon, was sie in einem Monat verdienen und in einer Woche ausgeben.«

Ich nutzte das für eine Gegenfrage: »Kannst du mir etwas Geld leihen?«

Karen ging ins Zimmer und schaltete den Fernseher ein. Dann warf sie mir die Nähdose zu.

Ich nahm mir zwanzig Mark. »Ich habe mir zwanzig Mark genommen«, sagte ich.

Sie zuckte mit den Schultern. »Mach leise, wenn du heute nacht kommst«, sagte sie.

Ich versprach es.

Was ich an Claudia bewunderte, war die Sicherheit, mit der sie sich bewegte. Ich konnte mir einfach nicht vorstellen, daß sie stolpert. Und wenn, dann sah das sicher sehr bedeutend aus.

Claudia war groß, blond, langbeinig und kurzsichtig. Sie war eine sehr schöne Frau. Wenn man mit ihr durch die Stadt ging, konnte man den Neid der anderen Männer spüren. Und auch jetzt spürte ich die Blicke der anderen, als sie mit einem Lachen und diesen animalisch weißen Zähnen auf mich zugesegelt kam und mir ihren durchtrainierten Körper in die Arme warf.

Eine Hochleistungsfrau von Scheitel bis Zeh. Ich wußte, wovon ich sprach. Wenn nur der Kuß auf die Stirn nicht so freundschaftlich gewesen wäre. Er machte deutlich, daß da mal mehr gewesen war als ein Bier am Tresen.

Ich hielt mich an der Bar fest, die mir schon zwanzig Minuten zur Seite gestanden hatte, und war der Mann von Welt, der täglich von Frauen wie Claudia geküßt wird. Nachdem ich ihre Hüften getätschelt hatte, schaute ich mich um und strich meinen Teil Bewunderung ein.

Claudia wollte nächste Woche in Urlaub fahren. Sie fuhr jedes Jahr nach Italien. Freunde von Freunden aus Genua hatten ein Haus in der Toscana. Von der Villa, zu der das Gartenhaus gehörte, standen nur noch einige Mauerreste. Wenn der Tag klar war, sah man das Meer. Meistens lag Dunst in den Senken, und die Pinienhaine verschwanden darin wie Reusen in der Flut. Claudia hatte davon erzählt, als wir bei ihr auf dem Bett lagen und Ouvertüren von Verdi hörten.

Jetzt war Abschied. In einer Woche würde sie weg sein, und sie wußte nicht, ob noch mal Zeit für mich sei. So war das.

Schulterzuckend griff ich zum Weißbier. Ich trank Weißbier, weil die am Nachbartisch auch welches tranken. Mit Schaum vor dem Mund sah ich ihre Zähne, das Weiß ihrer

Armbeuge, den Leberfleck über dem Schlüsselbein – ich dachte an die Wohnung, die Georg gehörte, dachte an Karen, die nicht mal gemerkt hatte, daß ich ausgezogen war, dachte an den Job in diesem Marktforschungsinstitut.

»Willst du mich nicht fragen, ob ich mitkomme?«

Claudia legte mir ihre Hand ins Gesicht. Sie schüttelte den Kopf. »Warum mußtest du aus allem ein Problem machen, statt mich einfach nächtelang zu bumsen?«

Ich zuckte mit den Schultern. »Es ging nicht...«

»Warum nicht, was hat dich denn an mir gestört?«

»Nichts, gar nichts, im Gegenteil. Wenn du nur ein Bein gehabt hättest, keine Zähne, eine Narbe vom Kitzler bis zum Ohrläppchen, dann wäre das kein Problem gewesen. Aber so... einfach zu perfekt für mich.«

»Würde es denn jetzt gehen?«

Ich küßte ihre Fingerspitzen. »Ich würde mir vorstellen, du hättest rote Haare...«

Claudia schüttelte beleidigt ihre blonde Pracht und sagte, daß sie letztens wieder eine Folge der BRIGHT LIGHTS gehört hatte. Sie waren nicht mehr so gut.

Das schmeichelte, und ich dachte, man kann es vielleicht noch mal direkter versuchen. »Laß uns ein Dutzend Eier kaufen und zu mir gehen. Ich habe paar Mark, wohne nicht mehr bei Karen und bin damit Herr über ein eigenes Designer-Bett. Es quietscht nicht.«

Dem Lachen nach zu urteilen, war der Vorschlag ein Erfolg.

Claudia bedauerte – sie mußte arbeiten.

»Was für eine Arbeit?«

Sie lachte noch immer. »Das hast du mich nie gefragt, und jetzt erzähle ich es dir nicht mehr.« Sie stand auf und drückte meinen Kopf an ihre Brust. Es roch wie die Stunde vor Mitternacht.

Drei kleine, schwarze Teile von Chanel, wehende Haare und Beine bis zum Hals.

Ich kenne tolle Frauen.

Die beiden Mädchen hinter dem Tresen sahen aus wie Schwestern – die selben Ärsche.

Zum Schluß sind die Kellnerinnen immer am schönsten.

Ich hatte Claudia auf der Vernissage eines Designers kennengelernt. Berlin war gerade schwer als Designerstadt im Gerede. Also kam jemand in der Redaktion auf die Idee, daß wir auch so was bringen müßten. Die BRIGHT LIGHTS waren der passende Rahmen, weil sie was mit Kultur zu tun hatten.

Murrend war ich losgezogen und hatte alle meine Vorbehalte bestätigt gefunden – die Vernissage war prickelnd wie ein Kamilledampfbad, die ausgestellten Möbel eigneten sich nur, um Gläser darauf abzustellen. Ich brachte lausiges Material und eine Verabredung mit Claudia zurück.

Am Abend unserer Verabredung ging ich allein ins Kino und schaute mir zum drittenmal »Diva« an. Ich hatte Schiß vor ihrer hemmungslos-direkten Art, mit der sie an jenem Abend von einem Typen Marke ARD-Kulturredakteur mit stahlgrauem Bürstenschnitt auf mich umgestiegen war.

Es machte keinen Sinn für mich.

Wir trafen uns auf dem Uni-Campus wieder. Ich hörte Publizistik, Claudia Biologie. Beim Anstehen in der Mensa stand sie plötzlich neben mir. Ich bekam einen Rüffel wegen Versetzens und eine Einladung zu ihr.

Am Morgen danach war ich ihr Geliebter und hatte einen Kater, mit dem ich in keine U-Bahn paßte.

Jetzt, wo ich es geschafft hatte, nicht mehr bei Karen zu wohnen, und die ganze Veranstaltung wieder ein Spiel mit einfachem Einsatz war, waren ein paar Hauptgewinne nicht mehr im Spiel. Mit der Erkenntnis, daß die richtigen Dinge meistens zum falschen Zeitpunkt passieren, lief ich die Goltzstraße hinunter.

Das Laufen tat gut. Meine Hände suchten vergebens die Taschen meines grünen Jacketts. Ich hatte es am Morgen in Georgs Wohnung gelassen.

Der Tequila war mir näher.

Vor dem Café standen rote, gelbe und blaue Plastikstühle. Auf ihnen hatten sich werdende Redakteure, zukünftige Filmemacherinnen und stumme Komponisten seit dem Vormittag ein Hausrecht ersessen.

Drinnen war es nicht kühler, aber dämmerig. Ein Baß schepperte dumpf durch die Boxen. Ein Mädchen mit Schmetterlingsbrille und Sommersprossen wie Dünnschiß saß in der Ecke und las den »Figaro«.

Zu einer normalen Jahreszeit ist es leichter, ein Passagierschiff auf dem Ku'damm zu parken, als hier einen Platz zu bekommen. Das heißt nicht, daß es ein guter Ort ist. Es ist laut genug, um einen auf andere Gedanken zu bringen, wenn man nicht weiß, wohin mit sich. Es war der erste Laden, den ich in dieser Stadt regelmäßig besuchte. Nach meinem Rausschmiß beim Sender versoff ich hier den größten Teil meiner Bücher. So was verbindet.

Der Tresen war leer bis auf ein halbvolles Glas, auf dem ein Fliegenpärchen kopulierte.

Unschlüssig blieb ich stehen.

Ein grauer Schatten trat mit lässigem Schwung aus der Toilette.

Der Schatten war ungefähr einsfünfundachtzig, trug einen tadellos sitzenden Anzug und Cowboystiefel. Die Cowboystiefel konnte man nicht sehen, weil sie von den Tischen verdeckt wurden. Jeder, der den Schatten kannte, kannte auch die Stiefel.

Der Schatten hieß Key.

Key hatte wache, blaue Augen und über schwarzen Augenbrauen trug er einen stets sauberen Haarschnitt. Wenn er lachte, zog er die Mundwinkel nach unten, statt nach oben.

Ich hatte Key noch nicht oft lachen gesehen.

Vom Typ eher unauffällig, war er unsichtbar in einer Art, wie es auch die schwarzen Löcher sind: anziehend. Es gab eine Menge Leute, die sagten, es sei wichtig, Key zu kennen. Das war zu der Zeit, als ich noch mit der Nagra durch die Szene zog; Impressionen für die BRIGHT LIGHTS. Es waren die Leute, mit denen ich täglich zu tun hatte. Leute vom Rundfunk, vom Film, Frisöre und jede Menge freie Mitarbeiter für alles mögliche.

Also lernte ich ihn kennen.

Kennenlernen geht in Berlin so einfach wie überall. Jemand nimmt jemanden mit zu jemandem und sagt ihm seinen Namen. Am Anfang gibt es nicht viel zu sagen. Aber weil man überall die gleichen Gesichter trifft, gewöhnt man sich daran. Zum Schluß findet man doch einen gemeinsamen Bekannten und zieht über ihn her.

Auf einer dieser Partys, es war der fünfzigste Geburtstag eines Galeristen oder der achtzehnte seiner Freundin, kam ich das erste Mal mit Key näher in Kontakt. Wir hatten uns gleichzeitig von links und rechts einer hilflos im Getümmel stehenden Blondine genähert. Ich mit einem Glas Sekt, Key mit einer Flasche. Mit den ersten Worten entpuppte sie sich als Norwegerin. Sie war nach Berlin gekommen, um ihr Englisch aufzubessern. Sie war sehr angetan von unserem Bemühen um sie. Ich besorgte ein paar Happen vom Buffet, Key bot Zigaretten an – blonder Tabak mit Korkmundstükken. Craven »A«, Raymond Chandlers Stammarke. Man muß sich bemühen, um sie in Berlin zu bekommen.

»Heimlich Privatdetektiv?« fragte ich.

Während wir auf unsere Bekanntschaft warteten, die sich die Möse pudern gegangen war, fragte er mich, ob ich nicht Lust hätte, mir die Dame mit ihm zu teilen. Ich verschluckte mich am Rauch der Zigarette, und um nicht kleinlich zu wirken, nickte ich.

Brunhilde kam noch blonder, noch aufgeschlossener von der Toilette zurück und fand alles noch tougher. Sie lispelte »Neubauten«, kannte den Designer Nick Cave und besaß die Raubkopie einer Platte von Claudia Skoda. Um so größer war ihr Glück, daß sie in uns persönliche Freunde der ganzen Underground-high-society getroffen hatte. Es versprach eine tolle Nacht zu werden. Ich erzählte Geschichten von meinem Freund Bargeld, und Key spann Anekdoten, die er mit Salome Kiefer erlebt hatte. Später mußte ich mal auf die Toilette.

Als ich zurückkam, waren die beiden weg.

Ohne sie war die Party nicht mehr zu retten, aber erleichtert war ich auch.

Key lud mich mit einer Handbewegung ein, mich neben sein Glas zu stellen, und bot mir eine Craven »A« an. Ich nahm dankend an und winkte nach dem Tequila, den ich mir versprochen hatte.

Die Bedienung erwachte aus ihrem Dämmerzustand und schob sich Richtung Flaschen. Die Fliegen setzten ihr Liebesspiel an der Decke fort. Wir tauschten einige Höflichkeiten aus – über den Sommer im allgemeinen und speziell den Sommer in dieser Stadt.

«Logischerweise muß es in Berlin heißer sein als in anderen Städten«, erklärte Key. »Die Hitze sackt in die Stadt und kann durch die Mauer nicht zur Seite weg. So kommt es zum Hitzestau.«

Das klang einleuchtend, und wir tranken darauf.

»Höchstens einen noch«, sagte Key und wischte sich Orangensaft aus dem Mundwinkel.

Wir ließen uns nachschenken.

»Ich hab letztens einen Mann getroffen, der setzt jährlich dreihundert Millionen DM um, das muß man sich auf der Zunge zergehen lassen ... dreihundert Millionen. Weißt du, was mir an ihm aufgefallen ist?«

Ich zuckte mit den Schultern.

»Er hatte Haare auf der Brust ... unendlich viele Haare auf der Brust, ein richtiger Wald. Nicht daß mich Männerbrüste allgemein besonders interessieren, aber er trug ein dünnes Hemd, nichts darunter, und aus den Zwischenräumen zwischen den Knöpfen, sogar aus den Knopflöchern quollen Haare ... das ist mir nicht das erste Mal aufgefallen ... die Haare auf der Brust als Zeichen des Erfolges, sieh dir Kotz George an, King Kong oder Reagan, alle behaart. Wie sieht das bei dir aus?«

»Na ja, eher wenig, um nicht zu sagen ... gar nicht.« Ich kratzte mein nacktes Brustbein und hatte nicht das Gefühl, daß sich da noch etwas ändern würde.

Key kippte seinen Schnaps. »Du mußt an dir arbeiten ... ich lasse jede Nacht daran ziehen.«

Ich gab Key zu verstehen, daß ich seit Wochen in einer finanziell prekären Situation steckte, und fragte, wo man Leute kennenlernt, die jährlich dreihundert Millionen umsetzen, egal ob mit Haaren oder ohne.

Key nuschelte etwas von Business, machte mit der linken Hand eine vage Handbewegung, bestellt mit der Rechten noch zwei Schnäpse und fragte, ob ich irgendwas Besonderes könne. Die Hitze hatte bewirkt, daß der helle Geist des Tequilas leichter und unbeschwerter hatte aufsteigen können. »Primär«, sagte ich, »*bin* ich vielmehr was Besonderes, als daß ich was Besonderes *kann*. Sekundär schreibe ich jeden an die Wand, wenn es darauf ankommt. Nur – es kommt meist nicht darauf an.« Ich warf mir mit einer gleich lässig wie verachtenden Geste den Schnaps in den Rachen, und während ich zwei weitere orderte, dachte ich, daß es wohl besser wäre, aufzuhören.

»Ich kann wirklich nichts versprechen«, Key prostete mir zu, »aber ich werde mal rumhören.«

Na klar. Immer schön vage bleiben. Das war in Ordnung. Wer kann schon was versprechen, und lieber so rum, als vorne sicher wie die Schweizer Bank und hinten Anschiß. Außerdem war es nicht Keys Problem, daß ich plötzlich wieder so ein mulmiges Gefühl im Magen hatte. Ich spürte, wie mir urplötzlich die Augen feucht wurden.

»Scheiße«, sagte ich, »Zitronensaft im Auge.«

Key bestätigte, daß ihm das auch schon mal passiert sei. Er fragte, ob ich für den Abend schon was vorhätte.

»Vielleicht Kino«, ich hatte wieder alles unter Kontrolle.

Key zog einen Briefumschlag aus der Innentasche seines Jacketts und rieb ihn mir unter die Nase. »Etwas Leben gefällig?« fragte er. Der Briefumschlag enthielt zwei Einladungen für das Premierenfest eines Filmes.

Es war nur was Vorübergehendes.

Ich lachte. »Aber bitte.«

Wir zogen los.

Der Empfang war eher unerfreulich. Gleich am Anfang ging mir Key verloren. Ich stand ziemlich alleingelassen zwischen lauter Leuten in schwarzen Klamotten, die ihre Urlaubsbilder herumreichten und die Adressen unverfälschter griechischer Inseln austauschten, auf denen man für wenige Drachmen riesige Suflaki und, bis zur nächsten Saison, Natur pur bekam.

Da die Mädchen von der Komparserie nur nach Leuten Ausschau hielten, die entweder zu ihnen gehörten oder sie für zukünftige Hauptrollen entdecken konnten, hielt ich mich ans kalte Buffet. Es gab Lachs mit Meerettich und Leberwurst mit Trüffel. Die Weine waren aus biologischem Anbau. Ich nahm einen Riesling und dann noch einen.

Ein paar Gläser später hatte ich das Gefühl, beobachtet zu werden.

Sie stand mit dem Rücken an die Wand gelehnt, hatte hennarotes Haar und graubraune Augen. Mit von Tequila und Weißwein beschwingtem Schritt ging ich zu ihr rüber und fragte, ob sie Lust hätte, mit mir zu tanzen. »Na los«, sagte sie und steckte die Hände in die Tasche ihrer Fliegerjacke.

Für meine eine freie Hand hätte ich gern mein grünkariertes Jackett gehabt. Es mußte auch so gehen.

Ich tanzte zum Takt einer imaginären Musik um sie herum und verschüttete etwas Riesling. Das war nicht schlimm. Ich sagte ihr, daß ich wüßte, wo es Musik gäbe. Sie müsse mich nur begleiten.

»Vielleicht«, sagte sie.

Vielleicht war nicht toll.

Sie hätte JA sagen oder mich beschimpfen müssen.

Vielleicht ist nix.

Ich brauchte ein neues Glas.

Als ich mit zwei Gläsern in der Hand zurückkam, stand ein Ersatztarzan neben ihr. Er war gegen einsneunzig und so braungebrannt, daß ich unwillkürlich an Hautkrebs dachte. Zu seinem blonden Pferdeschwanz trug er eine schwarze Lederhose. Aus jeder Pore quoll Mann.

Der Riese lächelte mir zu. Als er nach ein paar leise gewechselten Worten wieder ging, raunte er mir noch einen Auftrag ins Ohr: »Wehe, du unterhältst meine Freundin nicht gut.«

Ich wollte mein Bestes geben.

Er hatte ihr einen Kuß aufs Haar gehaucht. Sehr schönes Bild. Sobald er außer Sichtweite war, nahm ich ihren Arm.

»Ich weiß nicht«, sagte sie, »vielleicht...«

Ihr Oberarm war schlank, aber nicht dünn. Ihr Hintern tanzte vor mir, als wir zum Ausgang gingen.

»Wir fahren zu dir«, ich war sehr entschlossen und legte ihr einen Arm um die Schulter. Sie schmiegte sich an mich und nannte dem Taxifahrer eine Adresse, die ich nicht verstand. Draußen war es blau, und die Armaturen des Taxis leuchteten grün. Das Auto war für lange Strecken gebaut. Ich drückte meine Lippen in ihren Nacken, unter ihrer Jacke roch sie nach Leder und einem schweren Parfüm. Ich dachte an die Rothaarige, und wie es wohl wäre, wenn...

»Nimm die Hand da weg«, sagte sie.

»Irgendwas nicht okay?« fragte ich.

Es war alles okay. Sie klopfte dem Fahrer auf die Schulter und nannte eine andere Adresse.

»Was ist denn los«, wollte ich wissen.

Sie schüttelte den Kopf. »Der Nollendorfplatz ist so ein idealer Platz zum Wenden. Ich habe Hunger und dachte, wir fahren noch kurz ins Bellevue.«

Aus Verzweiflung fragte ich nach ihrem Namen.

Sie hieß Ruth.

Auf dem Kurfürstendamm war Rush-hour.

Junge Männer führten ihre Motorräder aus. Dicke BMWs schlichen an den Bürgersteigen entlang. Die Fahrer spiegelten sich in den glänzenden Augen der Touristen. Die Mädchen in den Bodystockings waren sehr schön. Überall glänzten Lichter. In der Mitte hatte die Stadt etwas von einem aufgeschlitzten Zirkuszelt. Ich starrte hinein.

Das Bellevue war gut besucht, ohne voll zu sein. Noch fehlte ein großer Teil des Stammpublikums. Seit die neue schwäbische Küche ihren Siegeszug angetreten hatte, war das Bellevue nicht mehr trendy. Eine gute Adresse war es noch immer.

Ein Kellner in französischer Schürze kam auf uns zu, um uns einen Tisch zuzuweisen. Nicht weit von der Frau und mir saß ein national bekannter Spaßmacher im Kreis derer, die um ihn sitzen durften. Er schüttelte sein dünnes blondes Haar und sprach schnelle, abgehackte Sätze. Ich schaute ihm zu und war enttäuscht. Er wirkte am Tisch wie auf der Bühne. Nur daß er nicht spaßig war.

Wenn einer nicht anders kann, dann ist er kein Künstler, sondern behindert.

Die Frau hatte einen Crevettensalat und einen Weißwein bestellt. Ich nahm einen Gin-Tonic. »Ich bezahle«, sagte ich, »und dann ficken wir.« Ich hatte mein großes Lächeln aufgezogen. »Du behältst dabei die Cowboystiefel an. Das ist nicht zuviel verlangt!«

»Vorhin im Auto wäre alles möglich gewesen«, sagt sie. »Du hättest nicht nachgeben dürfen. Du hättest mich schlagen müssen. Jetzt glaube ich dir nicht mehr.« Ihr Lächeln war nicht schlecht.

Ich hätte aufstehen und gehen sollen.

Ich blieb sitzen.

Viele Dinge, die wir mögen, sind etwas schwer, sagt die Reklame. Recht hat sie. Ein Pool mit Gin-Tonic wäre eine prima Alternative.

Ich merkte, daß ich nicht mehr ganz nüchtern war, und schnippte dem Garçon.

Armin kam herein.

Armin war der Pferdeschwanz tragende Freund der Frau, mit der ich mich gerade betrank. Sie hatte mir erklärt, warum sie sich nicht von ihm trennen könne und was für ein Problem das für sie sei.

Ich hatte nicht zugehört. Der Gedanke, mich mit diesem Prachtexemplar schlagen zu müssen, amüsierte mich. Daran war der Alkohol nicht schuldlos. Ich nahm mir vor, ihm in die Eier zu treten. Das war nicht originell, aber wirksam.

Armin setzte sich zu uns.

Armin hatte Glück gehabt. Glück ist, wenn man die richtigen Leute trifft. Armin hatte sich auf dem Fest die ganze Zeit mit dem Kameramann unterhalten. Der Kameramann hatte schon in Hollywood gearbeitet. Er hatte von der Möglichkeit gesprochen, daß Armin bei ihm als Assistent anfangen könne. Er hatte ihm seine Telefonnummer gegeben, weil Armin etwas von Licht verstand. Der Kameramann suchte immer Männer, die etwas von Licht verstehen. Armin sollte ihn anrufen. Armin sagte sich, daß das ein Grund zum Feiern sei. Er machte sich auf den Weg gemacht, um Ruth zu suchen.

Armin bestellte Gin-Tonics und lächelte glücklich in eine unbestimmte Ferne. Wir stießen an. Unter dem Tisch rieb seine Freundin ihren Unterschenkel an meiner Wade. Armin war bestimmt kein schlechter Kerl. Er hatte nur kein Glück. Dafür sah er zu gut aus. Das war ja auch was.

Ich dachte, daß es Zeit sei, die beiden allein zu lassen. Ich nuschelte was von »Zeit zu gehen ...«, schob das Bein seiner Freundin zur Seite und stand auf.

Das Aufstehen bereitete mir weniger Mühe, als ich vermutet hatte. Fast auf Anhieb kam ich hoch. Ich schob den Stuhl zur Seite und wich dem Nachbartisch aus, der mich rempeln wollte. Auf einem ruhigen Fleck gelang es mir, mich zur vollen Größe aufzurichten. Gelassen schaute ich mich um, als ich plötzlich Key im Gewühl entdeckte. Ich hatte ihn auf diesem blöden Fest einfach sitzenlassen! Er brauchte jemanden, mit dem er reden konnte. Vor Rührung zuckte mein Magen. Das behielt ich im Griff.

Dort, wo ich Key gesehen hatte, war er nicht mehr. Ich bückte mich kurz zu meinen Fußspitzen. Als ich mir die Sohlen anschauen wollte, hielt mich jemand fest. Die Hand kannte ich nicht. Ich grüßte sie trotzdem. Ich schaute in die Gesichter um mich und war mir sicher, daß sie mir nichts zu sagen hatten, was ich nicht selbst schon besser wußte. Geistesgegenwärtig riß ich mein grünkariertes Jackett von der Lehne des Stuhles und erreichte den Ausgang, ohne abzusetzen.

Die frische Luft umfing mich auf das Angenehmste. Ich hatte so was wie Meeresrauschen im Ohr.

Ich war schon lange keinen Strand mehr entlanggelaufen.

Ich verspürte ein großes Bedürfnis nach Klarheit. Nicht nur für mich, sondern für die Welt. In diesem Wunsch waren Key, Claudia, Ruth, Armin, Birke, die rothaarige Fee und sogar Karen mit eingeschlossen.

Laufen ist ein Weg zur Klarheit. Früher war ich sehr viel gelaufen, immer am Neckar lang. Weil immer jemand den Anfang machen muß, lief ich schon mal los.

Mit vor Begeisterung quietschenden Bremsen hielten einige Autos vor mir. Passanten riefen mir Aufmunterndes zu. Ich sah, daß der Himmel zu den Rändern hin heller wurde. Keine Sterne, sondern Grenze.

Die Vögel, dachte ich, wenn sie Flügel hätten, würden sie wegfliegen. Sie waren alle da.

Loch in der Welt

Karen leckte mir das Gesicht.

Auch wenn dagegen nichts zu sagen war – es war ungewöhnlich.

Karen stank aus dem Mund. Das war übel. »Geh dir die Zähne putzen!« maulte ich und schob sie weg.

Karen winselte. Davon wurde ich wach.

Ein Maul voller Schleimhäute und gräßlicher Reißzähne geiferte wenige Zentimeter über meinem Gesicht. Ich versuchte den Traum zu vertreiben.

Es war keiner. Es war ein Riesenschnauzer.

Küssen oder fressen? Aus meiner Position war das schwer zu unterscheiden.

Wenn man von einem Bären angefallen wird, soll man sich tot stellen. Das habe ich im Kino gelernt.

Der Hund schaute mich besorgt an.

Ich zwinkerte ihm zu.

Er wackelte mit den Ohren.

Pfui, Assi oder Hassi oder Asto, schrie eine Stimme. Die Stimme hatte einem Feldwebel gehört, dem sie die Eier weggeschossen hatten. Seine Witwe hatte Sie übernommen – die Stimme.

Der Hund zuckte zusammen und verschwand Richtung Frauchen.

Himmelarschundzwirn, dachte ich und ließ den Kopf wieder fallen. Mit der Ruhe war es vorbei. Wenn jemand das Recht gehabt hätte, »Pfui« zu schreien, dann wäre ich das gewesen! Außerdem war mein Rücken feucht und kühl. Das war der Morgentau!

Morgentau?

Ich versuchte mich mit meiner Situation vertraut zu machen. Auf die Ellenbogen gestützt, schaute ich mich um und direkt in den Arsch eines aufsteigenden Rosses, das auf breitem Rücken einen deutschen Recken trug. Ein Stück weiter wehten die alliierten Fahnen.

Oh, Mann, was hatten wir für eine Niederlage einstecken müssen.

Das Grünzeug samt Reiter und Fahnen gehörte zum Kleistpark. Der Park ist ein Witz; ein grüner Kreis mit Zaun drumrum und ein paar Bäumen. Beachtliche Leistung, daß ich überhaupt Rasen getroffen hatte. Es schien mir ein Beweis dafür, daß es mit der Trunkenheit nicht gar so schlimm gewesen sein konnte. Ich rappelte mich auf und begann mit einfachen Koordinationsübungen – das Durchsuchen meiner Taschen nach einer Zigarette.

Zu meiner Überraschung fand ich welche. Als ich die Taschen nach Feuer abklopfte, machte ich eine andere Entdeckung. Weder war mein Jackett grünkariert, noch aus dem ihm eigenen Seiden-Wollgemisch. Im Gegenteil: Es war ein braunes Ledersakko. Das Leder glitt verführerisch weich durch die Finger und verursachte Gänsehaut, als würde man über den nackten Rücken einer Frau streichen. Das Sakko war in einem tadellosen Zustand, vom rechten Ärmel abgesehen, den ich im Schlaf zerknittert hatte. Innen war es mit rosa Seide gefüttert und besaß eine Tasche mit Reißverschluß. Sie war nicht verschlossen. Statt eines Feuerzeugs hielt ich einen Geldclip in der Hand. Er umklammerte eine beträchtliche Anzahl brauner, blauer und rotbrauner Scheine.

Sie faßten sich so selbstverständlich an, daß ich gar nichts Besonderes empfand. Viel Geld ist ganz schön leicht. Mühelos paßte es in die Arschtasche meiner Jeans. Eine Zeitlang spürte ich nichts weiter, als daß die Sonne mir näherkam.

Ich war froh, nicht rauchen zu müssen.

Ich drehte alle Taschen um, um einen Hinweis auf den Besitzer des Jacketts zu finden. Ich fand nichts.

Solange ich nicht wußte, wie ich zu dem Sakko oder das Sakko zu mir gekommen war, war das alles nicht wirklich. Aber anders – warum sollte so was nicht einfach passieren, wie Blitzschlag oder Hodenkrebs? Da fragt auch niemand.

Ich war ungeduscht, ungefrühstückt und hatte einen dezenten Kater. Also trat ich die nicht gerauchte Zigarette aus, gab dem Bronzeamor einen Klaps auf den Hintern und ging die wenigen Schritte durch die Kaiserkaskaden zur Potsdamer, um mir ein Taxi zu fangen.

Geld genug hatte ich.

Ich frühstückte vernünftig – ein Kännchen Kaffee, eine halbe Grapefruit, Quark oder Joghurt mit Früchten, vier Scheiben Weißbrot, Butter, Marmelade und einen Teller Ham and Eggs, die in Fett schwammen. Ich tunkte Weißbrot in warmes Fett und packte die weichen Dotter darauf. »Amerikanisches Frühstück« nannte sich das, und es war köstlich. Sogar ein paar Scherze mit der Kellnerin gelangen mir.

Sie war eine von diesen kaffeebraunen Südseeberlinerinnen und lächelte trotz der frühen Morgenstunde jeden erbarmungslos nieder, der ihr vor den Kühler geriet. Wahrscheinlich lag sie jede freie Minute am Halensee und hielt ihren zart durchwachsenen Mädchenbauch und ihre kleinen runden Titten in die Sonne. In Klarsichtfolie gewickelt hätte sie ein entzückendes Praliné abgegeben.

Alles war bestens und der unangenehme Beginn des Tages schon fast vergessen, bis ich mir die Zeitung holte. Bonn hatte nichts Wesentliches zu sagen. Der Binnenmarkt zog als Gewitterfront am politischen Horizont herauf. Als Bürger hatte ich mit Folgen zu rechnen. Welcher Art die wären, würde sich noch herausstellen. Der Standpunkt der Redaktion besagte sowohl als auch.

In der Rubrik »Aus Wissenschaft und Technik« las ich, daß sie auf einer Satellitenaufnahme ein weiteres großes Ozonloch entdeckt hatten. Sie hatten ihm einen Namen gegeben, wie sie das auch bei Wirbelstürmen tun. Sie nannten es Sally.

»Es ist nicht viel, was einem vom großen Nichts trennt«, vertraute ich der Kellnerin an, als sie das Geschirr abräumte, »und mit jedem neuen Loch kommt man ihm ein Stück näher. Dann muß man ganz schön trommeln und auf einem Bein um das Feuer springen, um seine persönliche Ozonschicht aufrecht zu erhalten. Wenn das nicht mehr klappt, fällt das heulende Elend wie die Heuschreckenplage über einen her. Dagegen ist ›Weihnachten und fern der Heimat‹ ein Pappenstiel.«

»Ich hoffe, es liegt nicht am Kaffee«, sagte sie, »aber ich spreche auf alle Fälle mal ein Wort mit dem Koch!«

Ich hatte Ausweis und Führerschein in der rechten und dreieinhalbtausend Mark in der linken Arschtasche. Es sprach nichts dagegen, das Lokal mit einer ordentlich bezahlten Rechnung zu verlassen, die blaue Buslinie zum Flughafen zu nehmen und von Tegel aus mit dem nächsten Last-minute-Ticket nach Brasilien abzuhauen.

»Ein ausgezeichneter Anlaß, was Gutes zu rauchen«, würde Georg sagen. Wir würden auf dem Balkon eines vollklimatisierten Hotels sitzen und in die untergehende Sonne starren, während von der Straße das Geklapper der Sambarasseln und die spitzen Schreie der ekstatisch Tanzenden heraufwehen würden.

Alles, was mir zum Glück fehlte, war Georgs Adresse.

Ich gab der Kellnerin ein großzügiges Trinkgeld, und statt des Fliegers nach São Paulo nahm ich die S-Bahn nach Mariendorf.

Die Tür zum TEMPO-Institut stand offen, und Licht brannte.

Auf dem grauen Spannteppich im Flur lag ein schwarzer Fussel. Ich hob ihn auf. Die Küche war leer, die Kaffeemaschine kalt. Im Glaskasten des Supervisors flimmerten zwei Monitore. Niemand war da. Ich ließ mich auf einen der beiden Drehsessel fallen, rollte den Fussel wie einen Popel zwischen den Fingern und stieß schwer auf.

So saß ich eine Weile, war satt und müde, starrte auf den Monitor und mir war, als würden kleine, krakelige Strichwesen mit drei oder sechs Fingern an Armen und Beinen über die Bildfläche huschen. Männchen, wie sie in den Höhlen der Steinzeitler und noch vor einem Jahr an den Wänden irgendwelcher Hyper-Galerien zu sehen waren.

Von der Wärme und dem Flimmern eingelullt und müde wie ein Krieger, fielen mir die Augen zu.

»Uuurgghh raahhh uan aaa payiih!«

Der drohende Unterton der Stimme warf mich glatt aus dem Sessel. Ich war gerade dabei, wieder hochzukommen, als es knallte. Es war kein Knall. Es war, als würde jemand auf eine Boxbirne dreschen – elektrisch verstärkt. Ein unangenehmes Geräusch.

Ich rappelte mich auf und rannte nach hinten, direkt auf den Lärm zu, der aus einer angelehnten Tür kam. Das Büro war verraucht und dämmrig, die Fenster hinter den heruntergelassenen Jalousien geschlossen. Weiße Wände wie in den anderen Räumen auch, auch mit ähnlichen Möbeln vollgestellt. Nur standen und lagen hier die verschiedensten Typen von Monitoren und Computern herum. Die überquellenden Papierkörbe, der Anflug von Chaos – es sah nach Arbeit aus. Kein fieser Mafiaschläger versuchte mit gezielten Schlägen aus einem einzelnen TEMPO-Mitarbeiter Daten herauszuschlagen. Auch die Zerstörungswut eines letzten Öko-Romantikers war nicht für den Knall verantwortlich – einzig eine einzelne junge Frau.

Birke saß mit dem Rücken zur Tür vor einem Bildschirm. Ihre Faust ging auf und ab wie ein Kolben. Sie machte einen erstaunlichen Krach damit.

Ich schnippte den Fussel, den ich noch immer mit mir herumtrug, in den Papierkorb, der neben ihr stand. Sie hatte mich trotz schlagender Tür noch immer nicht bemerkt.

Ich räusperte mich und fragte, ob ich ihr helfen könne.

»Ach Scheiße«, sagte Birke, »ich kann es ja selbst nicht.« Ihre Faust erhöhte noch mal die Frequenz und klatschte abschließend auf den Schreibtisch. Dann war Ruhe.

Sie drehte sich zu mir um.

»Sie haben mich wieder erwischt. Dabei bin ich mir diesmal verdammt sicher gewesen, alles richtig gemacht zu haben. Aber den Deckel in der Kanalisation hab ich einfach übersehen. Kannst du das verstehen?«

Ich verstand es nicht.

Birke lachte leise. »Den einen habe ich noch mitgenommen, aber der andere war schneller. Glatter Blattschuß. Natürlich könnte ich das Programm knacken«, sie blinzelte mir listig zu, »aber ich will nicht. Es muß auch so klappen.«

Ich fragte, wessen Stimme das eben gewesen sei.

Birke wurde wieder ruhig. Es war, als würde sie mich erst jetzt bemerken. »Das war der Mac, er hat mir gesagt, daß sie mich ausgeknipst haben. Sag mal, Eisenkolb, kannst du auch nicht schlafen?«

Ich sagte ihr, daß ich ausgezeichnet schlafen könne. Nur habe sich das heute morgen nicht mehr gelohnt.

Birke zuckte mit den Schultern. »Morgens gegen drei kann ich nicht mehr schlafen. Das ist die Hitze, die Stimmen oder sonst was. Da fahr ich hier her und setze mich an den Apple, streife durch die Datenspeicher oder spiele. Spielen beruhigt. Es ist wie Jogging für den Verstand. Heute hat er mich erwischt, morgen krieg ich ihn ... Ich glaube, es wird Zeit. Koch doch schon mal Kaffee.«

Birke stand auf und ging nach draußen.

Ich trat an den Mac. Er war ausgeschaltet. Unter dem vollen Aschenbecher lag das Booklet für die Spieldisketten. Ich las, was auf der Rückseite stand: »Do ya really think ya got a chance with the cops, the mob and who knows who else all after ya? Well, good luck, pal. Oh, by the way, did I mention that ya don't even remember who ya are?« Ich fühlte mich ertappt. Kein Mensch hat das Recht, so was zu fragen. Unter meinem Ledersakko stand der Schweiß. Ein Kaffee würde mir guttun.

Birke hatte sich Frische ins Gesicht gemalt und brachte eine Wolke von Zedernholz und Zitrone mit in die Küche. Ich kämpfte gerade mit der Verschlußtechnik der Maschine. Den Kaffee hatte ich schon gefunden. Ich bekam den Filter nicht auf. Es klappte noch weniger, als ich ihren Blick im Rücken spürte.

»Zart, ganz zart«, sagte Birke.

Da ging es.

Wir standen nebeneinander an die Wand gelehnt und schauten zu, wie die Maschine den Kaffee in schwarzen Blasen in die Kanne spuckte. Die Sonne stand jetzt hoch genug, um in das Dachfenster zu scheinen. Ein paar Staubflocken tanzten, vom Licht aufgeschreckt, durch den Raum, und kein Radio gab nirgendwo seinen trockenen Beat dazu. Es war fast zehn, und bald würden die anderen kommen.

»Schönes Jackett, was du anhast«, sagte Birke.

»Was ist das für ein Spiel?« fragte ich.

Das waren zu viele Fragen auf einmal. Wir warteten mit den Antworten, bis der Kaffee fertig war. Ich erzählte Birke, daß ich das Jackett geschenkt bekommen hätte.

»Ehrlich?«, fragte sie, »es sieht aus, wie für dich gemacht.«

»Ist ein feiner Kerl, der Georg«, ich strich mit dem Handrücken über das Leder, »willst du auch mal? Einer, mit dem man ohne große Worte auskommt, wenn du verstehst. Hat mir das Jackett geschenkt, weil er weiß, daß ich es mag.«

Birke war beeindruckt: »Du hast vielleicht Freunde...«

Ich nickte. »Er hat viertausend Mark auf der Straße gefunden... einfach so, nicht schlecht, was?«

»Nicht schlecht.« Birke lachte. »Viertausend Mark... da würde ich auch mein Jackett verschenken, mir dann ein Ticket kaufen und nach Bali fliegen... dort braucht man keins.«

»Was willst du in Bali?«

»Urlaub machen, was sonst. Ich war schon einmal da... die Strände sind fantastisch.« Birke verdrehte entzückt die Augen.

»Du würdest das Geld nicht abgeben?«

»Bin ich blöd?« Birke schaute mich entgeistert an.

»Georg ist nach São Paulo geflogen«, sagte ich.

Birke nickte verstehend.

Das Computerspiel war eine Art Labyrinth. Man wacht morgens auf und weiß weder wer noch wo man ist. Überall lauern finstere Typen, die einem an die Wäsche wollen, Killer, Zuhälter, Nutten und Polizisten. Wenn man durchkommt, findet man zum Schluß seine Identität und den Ausgang aus diesem Spiel. Birke spielte schon seit drei Wochen und war immer noch ganz am Anfang.

»Oh, Mann«, sagte ich, und ich hatte so was wie eine Ahnung. »Verrat mir den Namen, wenn du soweit bist.«

»Das wird noch dauern.«

»Macht nichts«, sagte ich, »noch habe ich Zeit.«

Die Studie lief schon seit Tagen. Da ich der einzige Neue war, gab es keine Einführung für mich. Ich bekam einen Platz zugewiesen und sollte dem Interviewer, der neben mir saß, solange zuhören und zuschauen, bis ich mir zutraute, selbst einzusteigen.

Mein Nachbar war semmelblond, hatte ein ausgeprägtes

Kinn, trug dezentes Make-up und war ein Profi. Er verstaute seine langen Beine unter dem Tisch und legte sich einen größeren Vorrat Knabbergebäck zurecht. Dann nestelte er an seiner Krawatte, und ab ging die Post. Ich legte mir ebenfalls mein Sprechgeschirr an und schaute zu.

Der Junge war nicht schlecht. Er entlockte seinem mageren Brustkorb jenen sonoren Klang, der auch schon beim Weinverkaufen der gerade Weg zum Erfolg gewesen war. So auf der Schnittstelle von schwuler Pfaffe und der Weihnachtsmann als Gebrauchtwagenhändler.

»Wen würden Sie wählen, wenn nächsten Sonntag Wahl wäre?«

Die Studie war eine der berühmten Sonntagsumfragen, der Fragenkatalog ziemlich umfassend, und zum Schluß gab es einen dicken Block mit Fragen zur Person.

»Wofür werden die gebraucht?« fragte ich meinen Nachbarn.

»Für die Statistik«, raunte er mir zwischen zwei Sprechproben zu.

Das war zwar keine erschöpfende Antwort, aber so genau wollte ich es auch nicht wissen. Schon Birke hatte bei der Schulung versichert, daß die Namen immer streng von den Daten getrennt würden. Also keine Probleme.

Während ihm der erste ahnungslose Bundesbürger ins Netz ging, nickte ich wieder ein wenig weg.

»Na, wie weit sind wir?«

Diesmal saß die Stimme direkt in meinem Ohr. Ich zog den Ohrhörer heraus und drehte mich um. Im Glaskasten, am Anfang des Raumes, saßen Birke und der Supervisor. Es war der Rockabilly vom Vortag. Er wollte wissen, ob ich noch Hilfe bräuchte. Die Frage konnte er sich in den Hintern schieben. Wenn die im Glaskasten sich jederzeit in jedes Gespräch schalten konnten, dann war die Kacke am Dampfen. Daß Birke mir aufmunternd zulächelte, änderte daran gar nichts.

Während ich mit steifen Fingern die erste Nummer wählte, plauderte mein Nachbar gerade vom Wetter und flocht dabei beiläufig seine Fragen ein.

Wider Erwarten lief es gut an.

Die Stimme des älteren Herrn am anderen Ende der Leitung war noch brüchiger als meine. Ich brauchte ihn nicht davon überzeugen, welcher Segen die Statistik für unsere Demokratie war. Im Gegenteil.

»Das wäre alles ganz anders gelaufen, wenn es das damals schon gegeben hätte, das mit dem Adolf und so, wir haben ja überhaupt nichts gewußt, junger Mann«, erklärte er mir, »ich nicht und meine Frau auch nicht, aber die ist jetzt schon seit sechs Jahren tot und ich bin allein, wer versucht es schon noch mal mit einem so alten Zausel...«

Das konnte ich ihm auch nicht sagen, und so zog ich schnell den Teil »Fragen zur Person« durch und hatte mein erstes Interview im Kasten. Ich war nicht stolz, aber froh war ich doch.

Im Vergleich zur Weinverkauferei gab es einen wesentlichen Unterschied. Fand ich niemanden, der mir meinen Wein abkaufte, verdiente ich keine müde Mark. Jede Telefonnummer, die nichts brachte, war eine Chance weniger und war Zeit, die fehlte. Das war zwar eine verzweifelte Ausgangsposition, brachte aber Biß in den Fight. Hier war es egal.

Ich machte erst mal eine Pause, bevor ich die nächste Nummer in Angriff nahm.

Ich startete erheblich gelassener, doch dann verrutschte mir das Mikrophon. Als ich die ganze Technik wieder eingefangen hatte, war niemand mehr in der Leitung. Mein Nachbar lächelte gönnerhaft und erklärte, daß ihm das anfänglich auch passiert sei.

Die angebotenen Knabbernüsse nahm ich nicht.

Nach drei Telefonaten verzog ich mich in die Küche. Die Luft war dick, daß man sie schneiden konnte, die Kaffeemaschine kurz vor der Weißglut. Ich goß mir einen Henkelpott voll und hockte mich auf den Boden. Ich schaute mich um. Es war ein ruhiges, vertrautes Gemurmel, gute Gesichter. Nicht solche Unpersonen wie die, die gestern auf der Schulung waren. Aber auch nicht so ein herausragendes Modell wie die rote Lady. Bestimmt war mit ihr heute nicht zu rechnen. So wie die aussah, hatte sie die Kohle nicht halb so nötig wie ich sie gehabt hatte.

Gehabt hatte!

Ich faßte mir an den Hintern und spürte den Geldclip. Ich wünschte, sie würde hereinkommen und einfach noch mal ihren Namen sagen, und ich würde zu ihr gehen und sagen: »Komm, laß uns was essen gehen, ich kenn da 'nen kleinen Italiener, wo es Muscheln gibt, Garnelen und andere Schalentiere...«

»Bin ich erledigt«, sagte das Mädchen neben mir mehr zu allen, als zu jemand bestimmtem. Sie blies sich den schwarzen Pony aus der Stirn und sah betrübt aus. »Was mir heut morgen passiert ist...«

Bis heute morgen hatte sie eine alte Frau zur Nachbarin gehabt. Sie stand ihr persönlich nahe, wie einem eben jemand nahesteht, der ständig mit einem Stock an die Wand hämmert, »sobald man eine Platte auflegt, oder mal unter einem Lover etwas heftiger atmet«.

Die Dame trug gepflegtes Grauhaar und betreute an den Wochenenden und Feiertagen die Hunde ihrer Freundinnen. Es waren Dalmatiner, Pudel und Riesenschnauzer. An denen war sie vor ein paar Stunden gestorben.

»Als ich heute morgen nach Hause kam, ich hatte mich entschieden, dann doch zu gehen – ich hasse es, mit fremden Männern zu frühstücken –, war das Gejaule nebenan so laut, so endlos, daß ich dachte, mir geht der Hut hoch. Ein paar Stunden Schönheitsschlaf brauch schließlich sogar ich. Also, ich hab mindestens sechsmal geklingelt, das Geheul des Hundes wurde immer lauter statt leiser, da hab ich mal kräftig gegen die Tür getreten... Was soll ich euch sagen, die Alte lag nackt mit geöffneten Schenkeln auf dem Fußboden ihres Fernsehzimmers – der Fernseher lief noch. Ein Boxer stand über sie gebeugt, jaulte und leckte ihr das Gesicht.« Das Mädchen steckte sich eine neue Zigarette an, schluchzte: »Da denkt frau, frau kennt sich aus in der Welt und weiß, wo der Hammer hängt, und dann ist Frau bei den schärfsten Spielen nicht mit dabei ... was ich eigentlich sagen wollte; ich hab einen ganz guten Draht zur Hausverwaltung, da ist jetzt eine Wohnung frei!« Sie nahm sich einen frischen Kaffee.

Nachdem sich der Tumult wieder gelegt hatte – drei wollten die Wohnung, zwei den Hund –, erzählte ich, daß ich im Alter von drei Jahren einer vor einem Fleischerladen angebundenen Dogge ins Ohr gebissen hatte.

»Und was hat die Dogge gemacht?«

»Nichts. Sie war verstört.«

Das Mädchen, das die Geschichte erzählt hatte, hieß Anke und nickte anerkennend. »Bist du neu hier?«

»Ich war gestern hier zur Schulung.«

»Alle Achtung, gehst ja ganz schön ran. Aber das ist das Beste, man muß gleich ran ... was machst du außer TEMPO noch?«

»Studieren«, sagte ich der Einfachheit halber.

Anke lachte. »Hier studieren alle ... wir haben eine Bildhauerin, die ist gerade nicht da, mehrere Ethnologen, zwei Musiker, ein paar zukünftige Mathematiker, Philologen und ...« Sie zeigte auf den Kerl mir gegenüber. »Das ist Bernhard ... du kannst Boß zu ihm sagen. Studiert schon seit siebenundzwanzig Semestern ... Sag mal, Boß«, rief sie ihm zu, »was studierst du eigentlich? Ich vergeß das immer wieder.«

Bernhard, oder Boß, griente zu uns herüber. Zu seinem hageren Gesicht trug er ein Muskelshirt und einen Bürstenschnitt. »Das Leben, liebe Anke, das Leben. Das habe ich dir doch schon ein paarmal erklärt.«

Anke zuckte mit den Schultern. »So was vergesse ich immer wieder – ich dummes kleines Mädchen...«

Das war ein vertrauter Spaß, und fast war ich neidisch. Die Küche hatte was von einer Skihütte. Man kennt sich, hängt gemeinsam die Socken zum Trocknen, und mehr als ein bißchen Spaß braucht es nicht zu sein. Mit so einer Haltung läßt sich auskommen.

Der Boß hielt mir seinen Zeigefinger vor das Gesicht. »Sei vorsichtig, wir haben schon lange keinen Neuen mehr gehabt, und Anke ist ein multikulturelles Wesen. Also, lassen wir uns nicht kaputtmachen. Für schlechtes Geld nicht, und nicht für gute Worte.« Er griente. Er war der Boß hier und gerade dabei, einen Joint zu basteln, den er der Morgenrunde spendieren wollte.

Ich spürte, wie mir die Knie weich wurden. Um die Vormittagshitze abzuhalten, war das einzige Fenster geschlossen. Acht Kettenraucher ließen sich davon nicht beeindrukken. Ich brauchte keinen Joint. Mir reichte es so.

Ich entschuldigte mich und ging aufs Klo.

Nachdem ich den Kopf unter den Wasserhahn gehalten und mir die Haare hinter die Ohren geklatscht hatte, fühlte ich mich leidlich frisch, als ich zurückkam.

An der Tür fing mich der Supervisor ab. Er hatte ein Gesicht aufgezogen, mit dem er mir zu verstehen gab, daß er schon immer mein Freund gewesen sei. Jedenfalls hing ihm ein Lächeln an den Mundwinkeln, von dem das Schmalz tropfte. »Das ist mir ja eigentlich völlig egal, und es ist nicht mein Laden«, sagte er, »aber der Computer speichert automatisch, wie viele Gespräche jeder pro Stunde führt.«

Ich bedankte mich für diese Auskunft.

Es kostete ihn Mühe, aber dann wurde er Chef. »Kann ja sein, daß du ein ganz Lässiger bist. Aber wenn du hier Geld verdienen willst, dann solltest du dich ein bißchen mehr um das Telefon als um deine Haare kümmern. Wer unter dem Durchschnitt liegt, fliegt raus. Das wollte ich dir sagen.«

Sein Vortrag hatte ihn wachsen lassen. Arschloch – auch wenn er recht hatte.

Ich ging zu meinem Telefon zurück. Mein Nachbar saß noch immer in derselben Haltung, den Blick in eine unbestimmte Ferne gerichtet, und plauderte heiter mit seinem Mikrophon. Ich war wütend, müde und hatte das Maul voller Herzschlag.

Ich schluckte ihn hinunter.

Der Vorteil bei der Telefoniererei war, daß die Zeit schneller verging. Es lief gut. Kaffee ohne Ende und meine Müdigkeit hatten mich auf eine Ebene versetzt, wo ich wie ein Automat reagierte. Ich beruhigte aufgebrachte Schichtarbeiter, schwatzte mit Rentnern über das Wetter und gab verschüchterten Hausfrauen neues Selbstbewußtsein.Ich erklärte ihnen, wie wichtig ihre Antworten waren.

Nichts war unwichtiger als ihre Antworten. Ich füllte die Fragebögen während der Gespräche nach Gutdünken aus. Dabei folgte ich meinem eigenen Zufallsgenerator. Tief im Herzen scherte sich die Republik einen Dreck darum, wer sie in der nächsten Zeit regieren würde. Und da die Parteien eh mit eigenem Überlebenskampf beschäftigt waren, verteilte ich die Quoten nach Stimmlage. Dann verglich ich die Antworten mit meinen Eintragungen. Ich lag ziemlich richtig, und es machte fast Spaß.

»Nicht schlecht, Herrr Specht«, mein Nachbar nickte anerkennend. »Ich hab fast drei Wochen gebraucht, bis ich die Methode für mich entdeckt habe.«

Dankend nahm ich ein Schokoladenplätzchen.

Richtig übel waren nur Anrufe in Bayern. Das lag nicht an den Bayern, sondern an der Sprache. Man ist einfach Ausländer, wenn man kein Bayerisch spricht. Erschwerend kam hinzu, daß die Bayern ständig zurückfragen. Zwar konnte man die Fragebögen ausfüllen, wie man wollte, aber die Fragen mußte man schon ernst nehmen. Denn wenn sich gerade jemand vom Controlling in die Leitung geschaltet hatte, dann gab es hinterher eins auf die Mütze.

Also übte ich mich in »Grüß Gott« und »Pfüa di« und dämmerte ansonsten mit meinen eigenen unbestimmten Gedanken dem Feierabend entgegen.

Einmal kam Birke vorbei und legte mir die Hand auf die Schulter. »Paß auf die Kanalisationsdeckel auf«, sagte ich. Sie gab mir einen Klaps auf den Hinterkopf.

Ich mag es, wenn Frauen mich schlagen.

Ich hatte eine alleinstehende, berufstätige Frau zwischen fünfundzwanzig und fünfunddreißig aus Hamburg in der Mache. Ihre Meinung war mir egal. Sie hatte eine Stimme wie Kim Basinger – ein bißchen träge, ein bißchen spröde und weich wie die sieben Matratzen der Prinzessin auf der Erbse. Ich fragte sie, ob sie Zeit hätte, mir ein paar Fragen zu beantworten.

»Ich wünsche mir oft, daß mich ein großer, blonder Kerl anruft und fragt, ob ich Zeit habe. Du bist doch groß und blond?«

Meine Stimme war auch nicht schlecht, das war der Kaffee, der Suff vom Vortag und die Müdigkeit. »Einszweiundachtzig, neunundsiebzig Kilo und mittelblond«, antwortete ich. Ich hatte in einer Zeitschrift gelesen, daß alle Männer am Telefon einsachtzig sind.

Der Vorteil von Telefonsex ist, daß jeder für seinen eigenen Orgasmus verantwortlich ist.

Ich fragte gerade nach ihrer Adresse, da fiepte es im Kopfhörer. Auf dem Monitor erschien die Anweisung GESPRÄCH BEENDEN. Verdammt, dachte ich, jetzt werden sie dich schwer in die Hoden kneifen. Private Gespräche waren genauso verboten wie eigene Meinungen. Ciao, Schatz! Ich drückte auf Trennen.

Die hohle, wichtige Stimme des Supervisors in meinem Ohr sagte: »Da ist ein Gespräch für dich. Ich verbinde.« Ich hatte keine Zeit, darüber nachzudenken, wer mich bei TEMPO anrufen konnte. Es knackte in der Leitung.

»Eisenkolb?!«

Ich erkannte Keys Stimme sofort. Ehe ich ihn fragen konnte, was mir die Ehre verschaffte, war er schon beim Thema: »Ich hole dich in vierzig Minuten ab. Du wirst vor dem Eingang auf mich warten.«

»Würdest du mir kurz sagen, um was es geht?«

»Es ist verdammt wichtig, und das muß erst mal reichen«, sagte Key. »Und sonst, wie geht es dir heute?«

»Ich bin müde, war schon mal schneller im Kopf und auf den Beinen. Ich bin heut morgen aufgestanden und seitdem kein einziges Mal umgefallen. Es geht mir gut. Tut mir leid, daß ich dich gestern abend verloren habe.«

»Es gibt Schlimmeres. Ich bin in vierzig Minuten da.«

Es knackte in der Leitung, dann Stille.

Ich hätte mir eine erschöpfendere Auskunft gewünscht. Aber das war jetzt nicht so wichtig. Ich mußte mich bei TEMPO abseilen. Birke saß in ihrem Büro, als wäre es noch immer Morgen. Durch die Jalousien fiel das weiche Licht der späten Nachmittagssonne und teilte den Raum in hell und dunkel. Birke saß über Computerausdrucke gebeugt, im Aschenbecher verglomm eine Zigarette.

Ich räusperte mich. »Wieder reingefallen?«

Birke schaute nur kurz über die Schulter. »Entweder ist das ein Eingabefehler, was wir alle hoffen sollten, oder wir können die Signifikanz der Studie vergessen. Dann Gnade uns Gott. Es werden sportliche, junge Männer kommen und die Computer davontragen. Ich bin aus Hamburg. Ich werde wieder auf die Straße müssen.«

»Ich werde Stammkunde.«

Birke drehte sich zu mir und drückte die Schultern nach. Ein Streifen Sonnenlicht lag auf ihrem Haar und ließ es glänzen. Es war ein Anblick, der auch müde Männer nicht einschlafen läßt.

»Bist du gekommen, um mir das zu sagen?«

Ich schüttelte den Kopf. »Ich habe überraschend Besuch bekommen. Es tut mir wirklich leid, und die Arbeit hier erfüllt mich ganz, aber ich muß leider weg.«

»Das ist schlecht.« Birke steckte sich eine neue Zigarette an und drückte auf einige Tasten ihres Terminals. Auf dem Bildschirm kam etwas in Bewegung. »Es fehlen noch vierzig Interviews und jetzt sind die Leute zu Hause. Ich werde einen Ersatz finden müssen, was jetzt nicht einfach ist. Natürlich kannst du gehen.«

Sie griff sich das Telefon, um den Ersatz ranzutelefonieren. Ich war das Schwein. Das ist eine Rolle wie jede. Ich faßte vorsichtig nach der Türklinke. »Also, ich geh dann...«

»Bis morgen.« Birke klemmte sich den Hörer unters Kinn.

Es ist ein gutes Gefühl, eine schöne Frau sitzenzulassen. Ich hatte noch dreißig Minuten.

Die Räume des TEMPO-Instituts waren gut isoliert. An der Tür traf mich die Hitze wie eine Keule. Ich ging in die Knie und taumelte am Pförtner vorbei ins Freie. Das Gefühl, den Tag fast hinter mir zu haben, richtete mich wieder auf. Ich schaute mich um.

Über der Straße, die direkt auf das Betriebstor zuführte, lagen lange Schatten. Zwischen ihnen bewegte sich geschmeidig eine schlanke Gestalt. Immer wenn sie aus den Schatten in einen Sonnenstreifen trat, leuchtete ihr Haar rot auf.

Was für ein Ersatz für mich!

Ich schaute nach links.

Aus dem hinteren Teil des Parkplatzes kam ein alarmroter

TransAm gerollt. Die Scheiben waren getönt, die breiten Reifen zermalmten eine leere Bierflasche.

Mein Blick ging zwischen den beiden Erscheinungen hin und her.

Der TransAm war schneller. Er hielt direkt vor mir, das Seitenfenster glitt in die Tür.

Key schob sich die Sonnenbrille in die Stirn. »Los, steig ein.« Er beugte sich zur Beifahrertür und stieß sie auf.

Ich blieb regungslos stehen.

»Moment mal, da kommt gerade jemand, den...«

»Los, steig ein.« Es war mehr ein Knurren als ein Satz.

Soviel Höflichkeit konnte ich nicht widerstehen. Ich ging um den Wagen und ließ mich in das schwarze Leder gleiten. Ich hatte gerade noch Zeit, locker zum Ziel meiner Wünsche hinüberzuwinken, da trat Key aufs Gaspedal.

»Mußte das sein, hier so den Helden zu machen? Das Mädchen dort wollte mich gerade zum Essen einladen. Du hast ihr keine Chance gegeben.« Ich glotzte der entschwindenden roten Pracht nach.

Key sagte nichts.

Der Wagen war ganz schön dick aufgetragen. Ich versuchte ein Gesicht, von dem ich dachte, daß es gut zu rotem Lack und schwarzem Leder passen würde. »Sag mal, wen willst du denn mit diesem Mad-Max-Teil erschrecken?«

Key spielte mit, aber anders: »Zieh das Jackett aus.« Er trug wieder seine schwarze Sonnenbrille.

»He, Mann, was soll das.« Ich hatte einen Ton gewählt, der mir für einen Streetfighter aus L. A. angemessen erschien.

So plötzlich, wie er angefahren war, brachte Key den Wagen wieder zum Stehen. Er riß sich die Sonnenbrille aus dem Gesicht und warf sie aufs Armaturenbrett. »Zieh endlich die verdammte Jacke aus!«

Ich saß gegen die Lehne gedrückt und konnte mir auf diesen Anfall keinen Reim machen. Daß er es auf die Jacke abgesehen hatte, konnte nicht daran liegen, daß sie mir schlecht saß.

War es Keys Jacke?

Wortlos zog ich die Jacke aus und hielt sie ihm hin. Mit »Ist das vielleicht ein Überfall?« versuchte ich einen nicht sehr gelungenen Scherz.

Key nahm die Jacke und klopfte sie ab. Die Davidoff-Schachtel flog auf das Armaturenbrett. Eine Hand verschwand in der Innentasche. Nach dem zweiten kräftigen Ruck riß das Futter auf. Langsam fielen kleine, weiße Plastiktüten aus der Jacke in Keys Schoß. Er lehnte sich zurück.

Ein Adrenalinstoß jagte durch meinen Körper.

Langsam drehte Key den Kopf zu mir. In seinem Gesicht lag gnadenlose Müdigkeit. Es war sehr still und heiß im Wagen. Daß die Tüten keine Kondome enthielten, begriff sogar ich.

Keys Augen flackerten.

Der TransAm schien mir plötzlich wie das Innere einer Klapperschlange. Außer einem leichten Zittern in den Knien verkniff ich mir jede Art von Meinungsäußerung. Ich hatte das Gefühl, jeden Moment würde sich ein großkalibriger Revolver auf mich richten.

Key warf das Jackett hinter sich. Vier, fünf Tüten wippten in seiner linken Hand, die Rechte lag locker auf dem Lenkrad.

Ich dachte, daß es vielleicht das Beste wäre, so zu tun, als wäre ich gar nicht da. Also schaute ich konzentriert aus dem Fenster. »Das Beste, was man haben kann, ist eine gute Versicherung« stand auf dem Plakat. Der Satz enthielt viel Weisheit.

»Das war natürlich alles reiner Zufall?« Keys Stimme war nicht unfreundlich.

Ich nickte. »Was denkst du denn. Ich habe von diesem Kram nichts gewußt, ich weiß auch jetzt nichts. Ich weiß, das klingt blöd, aber ich weiß nicht einmal, wie ich zu der

Jacke gekommen bin. Als ich heut morgen aufwachte, hatte ich sie. Mehr weiß ich nicht.«

»Wo bist du aufgewacht?«

»Im Kleistpark«, sagte ich. Die Geschichte war unangenehm, auch unter Männern. »Ich glaube, ich hatte einen zuviel getrunken.«

Key lachte sehr leise und sehr intensiv. Es war wie ein anfallartiges Schütteln, das durch seinen Körper lief. Das Wort Kleistpark schien ihn besonders zu amüsieren. »Du hast nicht nur einen zuviel getrunken, mein Freund, du warst sturzbesoffen. Und was die Jacke betrifft – die hast du geklaut.«

»Nein!«

»Doch.«

Ich wollte mich nicht als unkooperativ erweisen, und außerdem – mit diesem versunkenen Kontinent in meinem Gedächtnis hatte ich allen Grund zur Zurückhaltung.

»Deine Jacke?« fragte ich zaghaft.

Key winkte ab. »Wenn sie das mal wäre... aber so... Sagen wir, du hast sie mitgenommen, wenn dir das lieber ist. Sagen wir auch, du warst nicht besoffen, sondern außer dir. Das geht alles noch und kann jedem mal passieren, aber...« Er holte tief Luft. »Ärgerlicherweise gehört die Jacke einem Bekannten, mit dem ich im Bellevue ein Geschäftsessen hatte. Ärgerlicherweise habe ich dich zu spät bemerkt. Ärgerlicherweise bin ich davon ausgegangen, daß du damit beschäftigt bist, der Trine unterm Tisch einen zu fummeln und deshalb keinen Wert auf alte Freunde legst. Erinnerst du dich soweit?«

Ich erinnerte mich.

»Irgendwie seid ihr wohl unterm Tisch nicht so klargekommen, was? Oder hat dir Jungsiegfried einen auf den Finger gegeben? Egal. Jedenfalls bist du plötzlich aufgestanden und mit sehr ausgefallenen Bewegungen zu mir rüber gekommen. Das Problem war nicht, daß ich dich diesen

Bekannten nicht hätte vorstellen können, sondern daß du offensichtlich in einer anderen Realität warst. Deshalb bin ich kurz verschwunden. Du hast dich aber nicht täuschen lassen, sondern begonnen, meinen Namen zu rufen.«

»Ich habe deinen Namen gerufen?«

Key nickte.

»Na ja, diese Filmparty war eine ziemlich trübe Angelegenheit...«

»Fand ich übrigens auch und das mag einiges entschuldigen... Du bist also doch bis zu dem Tisch vorgedrungen, an dem ich saß, beziehungsweise nicht mehr saß. Und plötzlich – schwupp – hast du dir die Jacke gegriffen, und noch ehe jemand reagieren konnte, bist du aus dem Laden gestürzt. Als du draußen warst, sind dir ein paar Jungs nachgegangen. Sie sollten dich bitten, die Jacke wieder herzugeben. Wenn sie dich gekriegt hätten, hätten sie dich in einen Hauseingang mitgenommen und hätten dir ein wenig die Nase und die Hoden gequetscht. Ich konnte sie dann aber beruhigen und davon abhalten, weiter nach dir zu suchen, indem ich ihnen versicherte, daß wir das heute alles wieder in Ordnung bringen. Also, where is the beef?«

Es ist eine dumme Situation, wenn die Wahrheit zu dämlich klingt.

Vielleicht ist das ein Grundproblem von Wahrheit. Ich schwitzte wie ein Schwein, war müde und hatte keine Lust auf eine Story. »Hör zu, Key«, sagte ich, »ich weiß es nicht. Sicher habe ich das Jackett mitgenommen. Vielleicht habe ich es mit meinem verwechselt, vielleicht habe ich gestern nacht die ganze Welt verwechselt. Als ich wieder wußte, wie ich heiße, lag ich im Kleistpark, hatte die Begegnung mit einem Raubtier hinter mir und habe in diesem Jackett Zigaretten gefunden, aber kein Feuer. Von den kleinen Tüten hatte ich keine Ahnung.«

Key grinste in sich hinein, seine Mundwinkel reichten ihm fast an den Nabel. »Glaub ich dir.«

Mir fiel so was wie Blei vom Herzen. Dasselbe Blei, aus dem man Revolverkugeln macht. Und wenn man dafür kein Blei nimmt – auch egal. Ich wollte raus aus der Geschichte, ich wollte raus aus diesem Amischlitten. Ich versuchte einen Abgang. »Okay, du hast das Jackett wieder, ich habe noch Nase und Hoden. Ich glaube, das ist ein Ausgang, mit dem alle Beteiligten zufrieden sein können. Da vorne fährt die S-Bahn, die nächste werde ich erwischen. Ich habe wirklich nichts gewußt.« Ich langte nach dem Türöffner. Die Zentralverriegelung klackte hart.

»Du bleibst sitzen.«

Meine Stimme war viel lauter, als ich wollte. »Verdammt noch mal, ich habe nichts gewußt. Nichts. Ich habe deine Bekannten nicht erkannt. Ich kenne dich nicht, wenn du Wert darauf legst. Es tut mir leid. Reicht das nicht?«

Keys Lächeln besaß eine Anzahl von Facetten. »Nein. Es reicht nicht. Denn jetzt weißt du ja Bescheid. Und jemand, der Bescheid weiß, kann nicht einfach gehen. Das verstehst du doch?!«

So muß sich ein Zobel im Fangeisen fühlen. Ich spürte, wie mir die Haut über die Ohren gezogen wurde. Ein Lkw donnerte vorbei – schon eine andere Welt. Als ich das Grinsen neben mir sah, gingen meine Fäuste einfach auf. Ich war müde. »Laß mich abhauen, bitte.«

»Angst?«

»Ja«, sagte ich. »Und es beruhigt mich auch nicht, daß irgendwelche Leute Körperteile von mir zerdrücken wollten. Und dieses Auto sieht aus, als könnte es in jedem gemeinen Krimi mitspielen. Und ich weiß nicht, was du jetzt vorhast. Aber ich bin müde, und ich habe einiges darüber gelesen, was Leute mit Leuten machen, die ihnen bei ihrem Geschäft in die Quere kommen. Und du grinst mich an wie ein Dreigroschenmafioso und fragst mich, ob ich Angst habe? Ja, ja, ja, ich habe welche!«

Meine Faust donnerte gegen das Armaturenbrett. Der Wagen wippte leicht. Ich holte wieder aus und traf Keys Handgelenk, als er seinen Arm schützend vor den Wagen hielt.

»Was du da eben gesagt hast, gefällt mir nicht«, sagte Key und rieb sich den Unterarm, »und vor allem nicht, wie... Vielleicht bin ich ein Dealer, und vielleicht bist du das Opfer, aber vielleicht stimmt beides nicht, vielleicht ist alles Simulation, Hokuspokus... sicher bist du eine Pfeife, die noch nicht gelernt hat, unter was für Leuten man sich grenzenlos besaufen kann und unter was für Leuten nicht, aber ein Opfer... wer will das wissen?«

Ein angenehm kühler Luftstrahl kam aus dem Fond. Key lehnte sich zurück. Vom Fauchen der Lüftung abgesehen, war es absolut ruhig.

Ich zog die Türsicherung auf und öffnete die Tür. Ein schwarzer Käfer knackte unter meinen Schuhen, der Himmel der westlichen Welt war weit und blau.

»Steig wieder ein«, sagte Key so beiläufig wie jemand, der einem die Uhrzeit sagt, »wir sind zum Essen eingeladen. Ich möchte dich mit jemandem bekannt machen. Es ist ein Geschäftsmann; Schlitzer, Alfred Schlitzer heißt er. Ich arbeite manchmal für ihn. Nicht weil er besonders sympathisch ist, sondern weil er mir nützt. Ich habe ihm von dir erzählt, daß du einen Job oder so was Ähnliches suchst. Er möchte dich kennenlernen.« Es klang, als wäre das die einzige Möglichkeit nach dem, was eben passiert war.

Tote lädt man nicht zum Essen ein. »Meinst du mich?« Ich versuchte, die Reste des Käfers von der Sohle zu kratzen.

»Nein«, Key ließ den Motor aufheulen, »das war ein Gehörtest, und jetzt komm. Schlitzer wartet nicht gern.«

»Was hast du ihm denn von mir erzählt?«

Key legte den ersten Gang ein. »Na das, was du mir gestern gesagt hast, daß du mehr etwas Besonderes bist als kannst und mal beim Rundfunk gearbeitet hast...«

Etwas von zu vielen Tequilas auf nüchternen Magen

grummelnd, ließ ich mich ins Leder fallen. Aber dann hielt ich es doch nicht aus. »Was will er denn?«

Der Wagen glitt langsam in den dichter werdenden Verkehr, und ich saß wieder drin. »Das wird er dir selber sagen.«

Der Luftstrom hatte mein Hemd fast wieder getrocknet. Ich wischte mir die Hände an der Brust ab. Der Geldclip drückte mir in den Hintern.Ich hatte ihn vergessen. Key hatte nicht danach gesucht. Vielleicht wußte er nichts davon. Ich war mir nicht klar darüber, was das bedeuten konnte. Jetzt war es zu spät.

Ich fischte eine Kassette aus dem Handschuhfach und schob sie ins Tapedeck. Ein altes Stück von Led Zeppelin legte sich über das Röhren der acht Zylinder. Mit geschlossenen Augen drückte ich die Lippen an den Unterarm. Er schmeckte nach dem Salz, das von der Angst zurückgeblieben war. Es schmeckte wie richtiges Leben.

Showtime

Protzend und röhrend schob sich der TransAm durch den dichten Abendverkehr. Ich beobachtete den türkisen Himmel, die Lichter und die Gesichter der Autofahrer, die sich während der roten Ampelphasen durch die Haare fuhren oder in der Nase bohrten.

»Ich hatte einen Freund«, Key zündete sich eine Craven »A« an, »der war mal drei Stunden mit einer Frau in einem kaputten Fahrstuhl eingeschlossen. Während der ganzen Zeit hat er kein Wort mit ihr gewechselt. Zuerst sei es ihm peinlich gewesen, hat er gesagt, hinterher war es zu blöd. Später hat er versucht, die Frau mit Hilfe einer Kleinanzeige wieder zu finden.«

»Und, hat er die Frau gefunden?«

»Natürlich nicht.«

Ich nickte.

»Interessiert dich nicht, wo wir verabredet sind?«

»Lieber nicht«, sagte ich, »vielleicht weiß ich dann zuviel.«

»Klar«, sagte Key, »aber dumm sterben ist auch kein Trost.«

Wo Berlin City ist, sind die Straßen teuer und schmal. Die Fassaden der Gründerzeithäuser waren in den letzten Jahren mit Marmor und Messing aufgepeppt worden. Nachts wurden sie von diskreten Scheinwerfern angestrahlt. Wer hier wohnte, hatte es geschafft. Was immer man sich darunter vorstellen wollte.

Ich kannte niemanden, der hier wohnte.

»Il Porto« hieß der Laden, in dem Key mit Alfred Schlitzer verabredet war. Auch wenn ich trotz meines verschwitzten T-Shirts so was wie Stil für mich beanspruchte; meine Preisklasse war das nicht.

Durch die Tür trat man direkt an die Bar, und das eigene Spiegelbild nickte einem zur Begrüßung zu.

Kein erfreulicher Anblick.

Der des schweren, grauhaarigen Mannes, der zwischen Spiegel und Bar stand, auch nicht. Er reichte Key die Hand und deutete für mich so was wie ein Lächeln an. Das alles tat er in einer Weise, daß man das Gefühl hatte, nur sein Stil halte ihn davon ab, vor Überdruß auf die Theke zu kotzen.

Key schob ihm den Zündschlüssel über den Tresen.

Der Barkeeper gab ihn an einen jungen Mann weiter, der von unten hinter der Bar aufgetaucht war. Der Junge lachte, ließ den Zündschlüssel klimpern und verschwand nach hinten durch eine schmale Pendeltür.

Das wollte ich mir merken.

»Einen Aperitif?« fragte der Keeper mit einer Stimme, die ihm schon auf den Lippen erstarb.

Key zeigte auf einen Durchgang, der in einen zweiten Raum führte. »Ist er schon da?«

Der Keeper ließ seine hängenden Mundwinkel noch ein Stück weiter absacken. »Man kann es hören... Einen Aperitif oder nicht?«

Key schaute mich fragend an.

Aus dem hinteren Raum klang der Lärm mehrerer Stimmen.

Ich war noch nicht oft genug Geschäftsleuten vorgestellt worden, um für einen lockeren Auftritt garantieren zu können.

Ich nickte.

Key bestellte einen trockenen Sherry, ich nahm einen Martini. »Geschüttelt, nicht gerührt.«

Der Barkeeper schaute kurz auf. »Entschuldigung, Sie meinen ›Gerührt und nicht geschüttelt‹?«

Ich überlegte: Bond kommt die Treppe herunter. Die reizende Agentin erwartet ihn im Gegenlicht. Sie trägt sehr wenig. Sie wird ihn aus Liebe zu einem abtrünnigen General verraten. Was willst du trinken, fragt sie. Martini, antwortet er, gerührt ...

Ich hatte keine Lust, mich von einem dicken Kellner belehren zu lassen. »Geschüttelt«, beharrte ich.

Key weidete sich am Anblick seines Sherrys, den er golden und ölig im Glas schwenkte.

Der dicke Mann mit der Eunuchenstimme schwang den Shaker demonstrativ heftig und schob das Glas über den Tresen, ohne mich eines Blickes zu würdigen.

Männer sind schon für weniger erschossen worden.

»Der Kenner schmeckt den Unterschied«, sagte Key, »ich selbst versteh leider nichts von Martini. Aber ich habe jeden Bond gesehen.«

Wir prosteten uns zu.

Um weitere Peinlichkeiten zu umgehen, studierte ich die Kunstwerke, die in erheblicher Anzahl an den Wänden hingen und auf kleinen Sockeln standen. Sie waren angenehm heftig, zurückhaltend intensiv und schmeichelten Auge und Magen.

»Das ist doch wohl die Höhe der Ignoranz«, sagte eine glatte, dunkle Stimme hinter uns, »wir sitzen hinten und harren aus, weil es sich schließlich gehört, auf seine Gäste zu warten, man hat ja Kultur. Und was machen diese Gäste? Sie lungern an der Bar herum, als hätten sie keine gesellschaftliche Verpflichtung.«

Die Stimme gehörte einem etwa sechzig-, fünfundsechzigjährigen gutaussehenden Mann. Sein sonnengebräuntes

Gesicht war gerötet, sein schwarz gefärbtes Haar streng nach hinten gekämmt. Um seinen Mund lag ein weicher, fast weinerlicher Zug. Dafür trug er den Kopf erhoben und streckte beim Sprechen den Unterkiefer vor.

Alfred Schlitzer und Key küßten sich die Revers ihrer Anzüge.

Das schiefe Lächeln um Keys Lippen drückte gleichermaßen Verachtung und Bewunderung aus. »Darf ich vorstellen, ein Freund von mir. Radioautor. Gestern abend war er etwas unpäßlich. Wir sprachen über ihn.«

Ich setzte zu einer leichten Verbeugung an.

Schlitzer packte mich an den Schultern und schaute mir in die Augen. »Eisenkolb, wenn ich mich recht erinnere.«

»Hermann, Hermann Eisenkolb«, ich verbeugte mich noch mal. »Die meisten glauben sich an diesen Namen zu erinnern, auch wenn sie ihn noch nie gehört haben.«

Schlitzer lachte. »Du unterschätzt dich. Man hört so einiges. Das klingt nicht so, als könnte man den Namen schnell vergessen. Oder sage ich da etwas Falsches?«

Ich suchte Keys Blick. War Schlitzer einer von den Bekannten, mit denen Key sich gestern abend getroffen hatte? Zum zweitenmal an diesem Abend wurde ich rot.

Schlitzer klopfte mir auf die Schulter. »Macht nichts, kann jedem mal passieren, auch mir ist schon mancher auf die Finger getreten, wenn ich aus der Kneipe kam ... dann wollen wir mal nach hinten gehen und degustieren, was Beppo uns gekocht hat.« Er nahm Key am Arm, und Key nahm das Sakko.

Ich ließ meinen geschüttelten Martini stehen und folgte beiden.

Das Restaurant war ein Zimmer hinter der Bar. Die wenigen Tische waren mit Muscheln, Seesternen und Korallen geschmückt und so angeordnet, daß jeder Tisch mit seinen Pflanzen und Kunstwerken ein Separée bildete.

Nur auf einem Tisch brannten Kerzen.

Von der Dekoration abgesehen, sah die Runde nach einem Arbeitsessen aus. Sie bestand aus einem Kerl mit strohblonden Haaren, ein Gesicht wie ein zu schnell gealterter Vierzehnjähriger, einem kleinen, breiten Mann mit kleinen, wasserblauen Augen und einigen leeren Stühlen. Wir setzten uns.

Der kleine Mann nahm seine Rede dort wieder auf, wo er sich nach dem Fortgang Schlitzers unterbrochen hatte: »... ich habe ihm gesagt, er kann behalten ganzen Rest, aber er hat gesagt, das wäre zuviel, ich habe gesagt, du kannst behalten, behalt's, hab ich gesagt, aber er hat nix wollen. Da hab ich alles dagelassen. Ist in Ordnung so, oder?« Er schaute sich fragend um, ohne Key oder mich dabei anzusehen.

Der Barkeeper, die italienische Begrüßung, die Kneipe selbst und die beiden Kerle, die aussahen, als trügen sie dicke Pistolen unter den Achseln; ich fühlte mich unwohl und belustigt zugleich.

Key warf mir einen Blick zu, der nur heißen konnte, daß ich mich zusammenreißen sollte.

»Nein, Pavel, das war völlig richtig, und es ist gut, daß du es dagelassen hast«, sagte die Frau. Ihre Stimme war voller Gnade und ungewöhnlich tief.

Die Frau war so ungewöhnlich wie ihre Stimme. Aufrecht saß sie in den Schatten eines Raumteilers gerückt. Sie hatte große, dunkle Augen, eine hohe Stirn und die Nase einer persischen Jüdin. Das fließende Grau ihres Kleides fand sich als Perlmutt auf ihrem Gesicht wieder. Um den Hals trug sie ein Stückchen Platin.

»Es geht um den Stallburschen in Neuchâtel«, klärte Schlitzer kurz auf, »wir waren da einige Tage in der Sommerfrische ... das alte Haus, du erinnerst dich?«

Key nickte.

»Weiß man nix genau, ob richtig oder nicht ...« Der kleine Mann war noch immer nicht zufrieden. Er wollte eine Antwort von Schlitzer.

»Ist eine fantastische Jahreszeit, jetzt in den Bergen.« Schlitzer streichelte den Arm der Frau, wie man eine Vase aus chinesischem Porzellan berührt, und genauso nahm sie es auf. »Möchtest du noch?« Er versuchte ihr ein weiteres Glas Champagner aufzudrängen.

Sie schüttelte den Kopf.

»Bitte«, knirschte Schlitzer durch die Zähne.

Ihre Stimme war ruhig und traurig. »Alfred, mein Lieber, du weißt doch. Manchmal hilft gegen diesen Ekel nicht einmal Champagner.«

Schlitzer lachte auf und schlug mit der flachen Hand auf den Tisch. Der Champagner in den Gläsern perlte. »Du weißt, daß ich dir nicht böse sein kann.«

Die Frau lächelte. In ihren langgliedrigen Händen hielt sie eine kleine Krokotasche, in die sie ein goldenes Zigarettenetui steckte. »Ihr entschuldigt mich.«

»Du willst schon gehen?« Über Keys Gesicht glitt der Schatten eines Lächelns. Er trug dasselbe Grau wie die Frau. Das Du klang vertraut. Alle anderen am Tisch schwiegen.

»Mein Kopf. Ich möchte euch nicht den Abend verderben. Wir sehen uns in den nächsten Tagen. Dann ist vielleicht auch Gelegenheit, deinen Freund kennenzulernen.« Sie nickte mir kurz zu, reichte Key als einzigem die Hand, und mit einem eleganten Schwung in den Hüften hatte sie einen großen Abgang.

Schlitzer füllte sich zweimal nacheinander das Glas. Er kippte den Champagner weg, als hätte er irgendwo eine Quelle – wahrscheinlich hatte er eine.

»So, damit ist der offizielle Teil zu Ende.« Er prostete Key zu. »Vielleicht sollte ich sie dir einmal für eine Weile ausleihen, was?«

»Du bist ein Schwein, Alfred«, sagte Key.

Die Beleidigung tat Schlitzer gut. Er lehnte sich zurück und zupfte an seinen Manschetten: »Ich bin nur aufgeklärt... du brauchst dir keine Gedanken zu machen. Auch wenn ihr ein wenig humanistische Grundbildung tauscht, so kann man das doch wohl nennen... sie kommt zurück. Sie kommt immer wieder zu mir zurück.«

Einen Augenblick hatte ich Solidarität mit Schlitzer gespürt. Ich dachte an Karen, und wie wir jede Gelegenheit genutzt hatten zu demonstrieren, wie jämmerlich der andere war. Es war nicht genug Solidarität, um mich für fremder Leute Probleme zu interessieren. Ich trank einen Schluck und wartete darauf, was dieser Abend außer einem mittelprächtigen Ehekrach noch zu bieten hatte.

»Mein Gott«, stöhnte Schlitzer und zog die Stirn kraus, »kann dein Freund nicht mal richtig trinken? Gestern hat er es doch auch gekonnt. Mehr als einmal schafft er wohl nicht, was? Hat der Auftritt eben nicht gereicht, oder?« Schlitzer goß mir das Glas bis zum Rand voll.

Was soll der Geiz. Ich kippte tapfer und stieß heftig auf. Noch nie hatte ich von Champagner einen Kater gehabt.

»'s war sehr schön in Neuchâtel«, sagte der kleine, breite Mann.

Das blonde Riesenbaby erzählte was von einem Hotelneubau mit Autoservice und so. Das Wort Waschanlage tauchte mehrmals auf. Sehr geschickt war das nicht, selbst ich als durchschnittlicher Zeitungsleser bekam mit, daß die Sache nicht koscher war. Langweilig war es zusätzlich. Ich gähnte.

Schlitzer fragte, ob ich müde sei.

Ich nickte.

Müdigkeit war das Stichwort.

Ein mit Steinen besetzter Taschenspiegel lag vor Schlitzer auf dem Tisch. Ein kleiner, verchromter Flakon stand obendrauf. Ich hatte niemanden ihn hinstellen sehen.

Key schaute gelangweilt, das Riesenbaby hatte ein Leuchten in den Augen. Der kleine, breite Mann war abkommandiert worden, den Durchgang zur Bar zu blockieren.

Ich war mir nicht sicher.

Mit einer scharfen Klinge zerhackte Schlitzer die weißen Klümpchen zu Pulver. Der Griff des Cutters war ein schlankes, elfenbeinernes Frauenbein. Ich schaute sehr genau hin, als er ein paar Kristalle mit der Klinge aufnahm, daran roch, sie argwöhnisch beäugte und dann, nachdem er sie mit einer Flüssigkeit aus einer Pipette beträufelt hatte, in einer Kerzenflamme verbrannte.

»Allererste Sahne«, Schlitzers Gesicht entspannte sich, »wirklich eine gute Lieferung, 100 Prozent Natur. Das können wir im Bioladen verkaufen. Die Jungs in Amsterdam haben ihre schmutzigen Finger da nicht drin gehabt.« Das war für die Runde bestimmt.

Ich nickte mit, was immer das auch heißen mochte.

Fünf weiße Lines lagen auf Schlitzers Spiegel. »Frauen und Kinder zuerst.« Er schob mir den Spiegel und einen silbernen Miniaturstaubsauger zu.

Der Staubsauger war ein Kunstwerk. Er war jenem Gerät nachgearbeitet, das in den Fünfzigern Millionen von Hausfrauen glücklich gemacht hatte.

Ich griff hastig zu, und dann blieb mir die Hand im Mund stecken. Das war kein Spaß für Studenten im ersten Semester. Ich hatte schon eine kleine Cannabispflanzung verkifft und meine Persönlichkeit mit LSD entwickelt – alles Kinderladen und Selbsterfahrung. Das hier war »Miami Vice« – der Mann konnte durch den Bildschirm fassen. Hände in den Nacken und Titten auf den Tisch! War das ein Grund zur Beunruhigung?

Der Staubsauger glitt mir aus den Fingern.

»Das erste Mal?« Key war neben mir.

Ich starrte auf das Pulver und nickte.

Key zog sich den Spiegel heran. Er setzte den Staubsauger in ein Nasenloch, hielt sich das andere dicht und zog das

Zeug mit einem langen, tiefen Schnief die Nase hoch. »Auf die heilige Inquisition und unser aller Jungfrau.« Er schob mir den Spiegel wieder zu.

Über meine Nase gebeugt, schob ich mir langsam das Metall ins Fleisch. Na los, spring, feuerte mich der Kerl im Spiegel an. Zwischen ihm und mir war eine dünne Schicht Eis. Nur nicht unüberlegt ausatmen!

Obwohl die Kälte mich zittern ließ, gelangte das meiste doch in die Nase. Ich hielt mir die Nasenlöcher zu und zog noch mal tief durch. Ich hatte alles richtig gemacht.

Es brannte, aber es war kein Schmerz.

Die Erde bebte nicht.

Ein einzelner scharfer Lichtstrahl zog wie eine Sternschnuppe durch mein Gehirn, dann war es vorbei.

Ein leichter Schauer lief mir über den Rücken. Mein Brustkorb wurde weiter. Sonst passierte nichts. Vielleicht, daß mein Atem tiefer wurde und gleichmäßiger. Aber das mußte damit nichts zu tun haben.

Schlitzer hatte mich die ganze Zeit aufmerksam angeschaut. Er nahm den Spiegel und schob ihn dem Babygesicht zu. Weinerlich sog der sich den Rüssel voll.

Der Mann im Durchgang wollte lieber einen Wodka.

Schlitzer nahm den Rest. Es war sehr ruhig am Tisch. »Alles klar?«

»Ist okay«, sagte ich und hielt Schlitzer mein Glas hin.

Es gab einen scharfen, singenden Ton.

Auf dem Klo gab ich mich einer längeren Betrachtung hin. Einige große und erhabene Gedanken waren darunter. Aus dem Toilettenspiegel schaute mich ein entschlossenes Gesicht an. Keine Schlangen im Haar, kein Gehörn am Schädel. Es gab keinen Grund, sich zu fürchten.

Der blonde Mann war fort.

Eine große, silberne Platte voller Meeresfrüchte stand auf dem Tisch. Brassen trugen Zitronenscheiben im Maul, Seeigel zeigten ihr Inneres. Im grünen Salat schwammen Scampi und Seezungen. Mit abgespreiztem kleinen Finger schlürfte Schlitzer Austern.

»Ein paar tausend Jahre Anpassungstraining haben diese wunderbare Form hervorgebracht«, dozierte Key. Er hielt ein Stück Oktopus zwischen den Fingern und betrachtete es aufmerksam. »Doch haben all die kleinen Saugnäpfe nichts vermocht, außer daß sie besonders gut schmecken. Oktopusse werden von einer Harpune durchstoßen, kraftlos und verzweifelt aus dem Meer gezogen und solange gegen eine malerische italienische oder griechische Klippe geschmettert, bis sie den letzten Odem ausschäumen. Erst dann kommen sie in die Pfanne.«

Mir kam das alles sehr unwirklich vor. »Kolumbianische Indianer rösten Murmeltiere lebendig«, hörte ich mich erzählen. »Je länger die Tiere dabei am Leben bleiben, desto besser ist ihr Geschmack. Qual macht das Fleisch mürbe.«

»Eine appetitliche kleine Geschichte«, sagte Schlitzer, »aber nicht ohne Humor.«

Der Kerl mit der Figur eines Pflastersteins lächelte nicht. »Ich hätte es nicht dalassen sollen, so mir nix dir nix. Vielleicht hat es genommen jemand anderes. Ich werde hingehen und ihm die Finger brechen müssen mitten durch.« Er sprach mit sich selbst und schaufelte dabei grünen Salat auf seinen Teller.

»Bist du ein Geschichtenerzähler?« fragte Schlitzer unvermittelt.

Ich zuckte mit den Schultern.

»Ich mag Geschichten, in denen es zur Sache geht«, Schlitzer leckte sich den Mittelfinger, »solche, wie sie dieser Ami schreibt, der mit dem Polackennamen ... kennst du den? Sind Geschichten von einem, der es immer wieder versucht ... gefällt mir.« Schlitzer lachte wie ein leeres Ölfaß. »So einer bist du auch, was? Einer, der es immer wieder versucht... Es gibt Gerüchte, die besagen, du hättest ein eigenes Jackett. Warum sollst du dann ein Jackett klauen. Das gibt keinen Sinn. Dein Lehrmeister versichert, daß du es nicht geklaut, sondern mitgenommen hast... Na ja, wir waren alle schon mal unpäßlich, auch sehr. Schwamm drüber. Das Problem ist nur, daß an dem Jackett jemand hängt. An diesem Jackett hängen sogar eine Menge Leute.« Schlitzers Stimme war leise.

Key tranchierte eine Seezunge.

»Jetzt ist das Jackett wieder da, und das freut mich. Nur fehlt da etwas Geld, das in der Tasche steckte. Mein Geld. Das ist an sich nicht so schlimm... mein Buchhalter bekommt Schweißausbrüche, wenn was nicht korrekt ist. Kann ja sein, daß es rausgefallen ist. Glaube ich aber nicht. Ich denke, du hast es einfach noch mal versucht. Wenn das nicht stimmt, was ich denke, dann mußt du es mir sagen. Eins vielleicht noch, bevor du antwortest. Pavel, der dich gestern schon gesucht hat, ist ein großer Tierfreund. Er hält es nicht aus, wenn er angelogen wird.«

»Pferde«, sagte Pavel mit seinem schweren polnischen Akzent und seine blaßblauen Augen waren voller Trauer, »Pferde nix lügen, niemals nicht. Und Murmeltiere gehören nicht geröstet, verstehst du!«

Schlitzer nickte.

Waren ein paar Leute hinter dir her, die dir Hoden und Nase quetschen wollten, hatte Key gesagt. Die Aircondition versagte völlig. Auf Key konnte ich nicht rechnen.

Ich faßte mir in die Arschtasche und zog den Geldclip heraus: »Es stand kein Name dran, tut mir leid...«

Schlitzer hielt die Scheine zwischen Mittel- und Zeigefinger. »Ich dachte mir, daß wir uns verstehen... du hast Sinn für Humor. Deshalb bitte ich dich auch um einen Gefallen. Du bist doch auch der Meinung, daß du mir einen Gefallen schuldest, oder?«

Natürlich war ich dieser Meinung. Was sonst.

»Ich bitte dich um den Gefallen, etwas Geld zu verdienen ... wie findest du das?«

Ich fand es prima.

Schlitzer häufte Meeresfrüchtesalat auf meinen Teller. »Der Cowboy hat mir von deinen Problemen erzählt ... ich kann dir helfen, weil ich hoffe, daß du mir auch hilfst ... Ich finde es gut, wenn ich was für junge Leute tun kann, dem Cowboy habe ich auch unter die Arme gegriffen, das vergißt er jetzt manchmal ... es gibt viele, die sagen, daß es den jungen Leuten viel zu gut geht ... die verstehen nichts vom Leben. Ich möchte nicht tauschen. Jetzt jung sein bringt nicht mehr viel ... alles abgegrast. Ich denke, wir verstehen uns.«

Wir hätten uns nicht besser verstehen können.

Wir fuhren in getrennten Wagen.

Auf Schlitzers Bitte stieg ich mit in seinen Fünfer. Der Wagen war mit allem ausgerüstet, was sich bayerische Ingenieure irgendwann ausgedacht hatten. Am Steuer der High-Tech-Festung saß Pavel.

»Ich habe eine Tochter«, erzählte Schlitzer, den das Problem, heutzutage jung zu sein, noch immer beschäftigte. »Nettes Mädchen, nicht sehr helle. Sie lebt in einem Internat in der Schweiz ... was mich das monatlich kostet. Aber die Lehrer hier kümmern sich doch mehr um die Integration irgendwelcher anatolischer Rotznasen, als den Kindern vernünftig Rechnen beizubringen. Vor lauter Gleichmacherei bleibt bei unseren Kindern zum Schluß jeder vernünftige Wille zu Höherem auf der Strecke. Du verstehst, was ich meine? Ich bin achtundvierzig mit einem flottgemachten Wehrmachts-Lkw voller Levis nach Berlin gekommen und wußte, was ich wollte. Ich kannte eine Gang Swinger, die haben die Sache gleich richtig publik gemacht ... Später habe ich Ami-Schlitten verhökert, die wären jetzt ein Vermögen wert. Dann ergab sich die Gelegenheit, ins Baugewerbe einzusteigen. Das war etwas, wovon ich wirklich was verstand. Mein Vater hatte ein Baugeschäft im Thüringischen...« Schlitzer zeigte mir die Häuser, die er gekauft und verkauft hatte. Er unterbrach seine Rede häufig.

»Nach der Mauer wurde so viel Geld in die Stadt gepumpt, daß man richtig Mühe hatte, es aufzufangen. Die ganzen Stiftungen, der Bund und was weiß ich, wer noch alles, waren froh, wenn sie's irgendwo abgeben konnten. Im Dienstleistungssektor«, klärte mich Schlitzer auf, »im Dienstleistungssektor war schon immer am meisten Geld zu machen.«

Schlitzer besaß zwei Immobilienbüros. Auch Jugoslawen gingen eine Zeit gut. Später verkaufte er Briefkastenniederlassungen an westdeutsche Firmen. Leere Werkhallen, in denen eine Handvoll Türken die fünften Räder an fertige Wagen schraubten. Die Firmen kassierten die Subventionen, und Schlitzer kassierte Provision.

»Ein bißchen Import«, Schlitzer zeigte erneut auf ein Haus, »ein bißchen Import und Export war immer dabei. Alles, außer Mädchenhandel. In Puffs geh ich nur als Kunde.« Er lachte, dann seufzte er. Der Seufzer kam aus tiefster Seele: »Eisenkolb, die Zeiten sind vorbei. Ich sage dir, die Stadt wird immer provinzieller. IBA-Bauten, und zum Winter sieht es um die Gedächtniskirche aus wie der Marktplatz einer mittelbayerischen Kleinstadt. Schwabenfleiß überall. Die guten Leute sind vor Jahren weg oder im Knast. Was übriggeblieben ist, ist zweite Garde. Keine Ideen mehr, kein Entertainment. Die Großen hatten Ideen und haben andere dafür beschissen. Die Kleinen haben keine Idee mehr und bescheißen sich selbst.«

Der rote TransAm war schon lange verschwunden.

Pavel fuhr stoisch im zweiten Gang. Schlitzer klopfte ihm auf die Schulter. »Er hat mal zusehen müssen, wie ein vor ihm fahrender Wagen auf einer Ölspur ins Schleudern kam, auf die gegenüberliegende Fahrbahn geriet und mit einem Kleinwagen zusammenstieß. Sechs oder sieben Leute verbrannten. Ich habe ihm oft zu erklären versucht, daß Ölspuren selten sind. Er ist vorsichtig geworden...«

Schlitzer lag mit übergeschlagenen Beinen in den dunkelblauen Lederpolstern und genoß die Fahrt. Die Uhr, die ihm unter der Manschette hervorgerutscht war, war ein Haufen Gold mit Zeigern, die Krawatte ein Vermögen wert.

Hätte ich jemals richtig Kohle, ich würde es auch raushängen lassen. Kein geileres Gefühl, als wenn man durch die Straßen geht und die Leute sagen: Guck mal, dieses reiche Schwein. »Geld allein macht auch nicht glücklich« ist eine jämmerliche Ausrede. Durch Berlin geht ein Kerl, der ist höchstens ein Jahr älter als ich und besitzt eine Videoproduktion. Der verdient sich mit Auftragssachen für das Fernsehen dumm und dämlich, hat ein Penthouse am Ku'damm und sieht überhaupt nicht unglücklich aus.

Für jeden versoffenen 1000-Dollar-Schein einen Kanonenschlag – das war Bunuels Bar. Hört es und ärgert euch schwarz! Ich mußte lachen.

Schlitzer wollte wissen, was es zu lachen gäbe.

»Überkommt mich manchmal so«, sagte ich.

»Beneidenswert!« Er legte mir den Arm um die Schulter. »Das war kein Scherz, vorhin. Du kannst dir Geld verdienen, Eisenkolb. Ich brauche deine Hilfe, vielleicht brauch ich auch Gesellschaft. Ich bin ein Vampir, lebe von frischem Blut, das hält mich jung.« Er lachte, ich lachte mit. Wann hat man schon Gelegenheit, einen lebenden Vampir kennenzulernen?

»Was kann ich für Sie tun?«

»Key hatte erzählt, daß du ein guter Schreiber bist. Stimmt das?«

»Ich habe mal beim Rundfunk gearbeitet. Es gab ein paar Leute, die fanden das ganz gut«, bestätigte ich.

Ich brauche jemanden, der ein paar Briefe für mich schreibt, professionelle Briefe, Geschäftspost. Direkt Mail, so nennt man das in der Branche. Kannst du das?«

Ich setzte ein undurchdringliches Gesicht auf. »Ich kann es versuchen.«

Schlitzer zog einige Scheine aus dem Geldclip, der für kurze Zeit meiner gewesen war, und drückte sie mir in die Hand.

»Ich glaube nicht, daß es Probleme geben wird«, sagte ich. Ich faltete die Scheine zusammen und steckte sie in die Hosentasche. Ich war selbst erstaunt, wie locker mir das von den Lippen kam.

Schlitzers Hand war groß und gepflegt. Meine Hand verschwand darin: Kannst du mich mit Genuß betrügen, da sei für mich der letzte Tag...

Pavel ließ den Wagen vor einer Ku'damm-Discothek ausrollen. Key saß wartend auf der Motorhaube des TransAm, im Mundwinkel eine Craven »A«.

»Na, dann rein ins Vergnügen.« Schlitzer schob mich aus dem Wagen.

Die Discothek war voll. Ein junger Mann mit einem Gesicht wie ein Briefkasten bahnte uns den Weg durch die Menge. Glitzerkugeln sprühten Lichtflocken auf die in den Gängen und der Tanzfläche stehende Menge. Trotz des knochenharten Beats tanzte niemand. Es roch nach Versandhausparfüm, Kräutershampoo und Bier. Ein junger Mann im Anzug stand auf der Bühne und schwitzte. Die Musik wurde leiser, er hob das Mikrophon: »Schön, daß ihr heute gekommen seid, meine Freunde und...«

Die Musik wurde wieder lauter.

Der Rummelboxer bugsierte uns zu einer Loge. Durch ein Chromgitter war sie von den übrigen Besuchern getrennt.

Ein vielleicht fünfundvierzigjähriger Mann kam auf Schlitzer zugeschossen, umarmte und küßte ihn stürmisch. »Toll, daß ihr es noch geschafft habt...« Die Haare des Mannes waren zu rot, sein Gesicht zu fett und das Hemd zu weit offen.

Eine Hand packte mich an der Schulter.

»Lassen wir die Mädchen mal einen Augenblick alleine.« Key zog mich von der Loge fort durch das Gedränge, hin zu einer Tür, über der ein kleines schwarzes Männchen angebracht war.

Die Sprüche über den weißen Kacheln lohnten das Lesen nicht. Key schob mich in eine der Boxen und ließ den Riegel schnappen. »Hast dich nicht schlecht geschlagen...« Er hielt einen kleinen Glaskolben und ein silbernes Löffelchen in der Hand.

Ich bekam eine Gänsehaut. »Du warst mir dabei eine Hilfe...«

Abwechselnd hielt Key mir und sich den Löffel unter die Nase. Der war mit kleinen Blüten verziert und hatte am Stiel eine Öse, an der man ihn an einem Band tragen konnte. Wir holten tief Luft und schauten uns lange an.

»Im Geschäft?« fragte Key.

Ich zuckte mit den Schultern.

»Du mußt mir nichts erzählen.« Key klopfte mir auf den Rücken, halb anerkennend, halb spöttisch.

»Das ist alles noch sehr vage«, bestätigte ich.

Von draußen donnerte es an die Tür.

Key ging als erster.

Ein stämmiger Kerl in T-Shirt und Bundfaltenhose stand vor dem Abort: »Guck dir die Schwuchteln an. Jetzt muß hier erst mal desinfiziert werden, bevor man scheißen kann.« Mit seinen dicken, rosigen Armen griff er nach Key.

Die Bewegung kam so schnell, daß ich sie nicht sah. Der Kerl kauerte am Boden und preßte die Hände ans Gesicht und winselte. Rot tropfte auf den Kachelboden. Key schob ihn mit dem Fuß zur Seite und blies sich auf die Fingerspitzen.

Ich war beeindruckt. »Hehe, wo hast du das gelernt?«

»Kein Grund zur Aufregung«, sagte Key, »man ist ja nicht erst seit gestern auf der Welt.«

Wir gingen zurück zu den anderen.

»Da gibt es gar kein Vielleicht, Eva gewinnt und basta«, tönte der Ire, dem die Discothek gehörte. Schlitzer rauchte eine Zigarre an. »Du bist zu jähzornig, Jo, und du kennst Salome nicht. Wenn die ihre Muschi miauen läßt, dann wackeln die Wände. Das steht schon in der Bibel, stimmt's?«

Er schaute zu Key. Der grinste. »Steht wörtlich drin.«

Die Wette wurde abgeschlossen. Der Besitzer gab ein Zeichen an den durchgeschwitzten Mann auf der Bühne. Der gab das Zeichen weiter. Die Musik wurde leiser. Der Conférencier wischte sich den Schweiß vom Gesicht: »Meine lieben Freunde, und noch mehr meine lieben Freundinnen...« Er begrüßte herzlichst zum heutigen Wettstriptease. Fünf Damen waren am Start. Er ermahnte das Publikum, auf die künstlerische Leistung zu achten und nicht darauf, welche der Damen die größten Hupen hatte.

Er lachte allein.

Das Licht über der Tanzfläche verlosch, nur die Bühne blieb hell. Mir stand Schweiß auf der Stirn. Key reichte mir ein Glas. Das war nicht wenig, was mir an diesem Abend geboten wurde. Aber ein gewisser Vorsatz gehört zu jedem Amüsement.

Als erste ging Wanda an den Start.

Wanda war zu dünn, zu alt, zu müde. Wacker schwang sie Arme und Beine im Takt, aber es brachte nicht viel. Zu viele hatten sich schon an ihre Brüste geklammert, ihr den Zorn ins Gesicht geschlagen. Als sie Boa und Slip wieder einsammelte, war die Show beendet.

Im Publikum wurden Zigaretten ausgetreten und leise gemurmelt. Eine Frau lachte laut und gemein.

Als nächstes schickte der Ansager Patsy ins Rennen.

Patsy war Grufti-Stripperin. Ihr Gesicht war weiß geschminkt, Haare und Latex waren schwarz. Patsy tanzte zu »Cats«, sie fauchte ein wenig, kniff die Augen zusammen und hatte Petting mit der Brüstung, die die Bühne umzäunte. Sie streichelte ihre Titten im Takt. Mit einem überraschenden Schwenk streckte sie den Arsch ins Publikum.

Das Publikum zuckte. Der Arsch hatte Striemen. Das hatte was. Patsy kam ganz gut aus den Hüllen und wurde pünktlich mit der Musik fertig. Im Publikum wurden neue Zigaretten angezündet und Bierflaschen an die Münder geführt. »Ab in die Kiste«, rief einer, und seine Kumpel lachten mit.

Elvira war nicht jünger als Wanda, aber fülliger. Sie schwang ihre Brüste wie Waffen. Wenn die Sänger YOU NEED ME, I NEED YOU sangen, dann versuchte sie Playback. Elvira hatte Fans mitgebracht, die sie mit Schreien unterstützten. Elvira kam gleich zur Sache. Sie ließ ihre Federboa fallen und warf den Slip in die Menge. Es entstand ein kurzes, hartes Getümmel. Ihr Mund war ein großes, schwarzes Loch, in das alles paßte. Ihr blaßrosa Fleisch war an den Rändern ausgefranst. Sie schwenkte es vor dem Publikum. Wider Erwarten fiel kein toter Seemann raus. Die Musik brach ab. Die Elvira-Fans grölten noch ein bißchen, dann ließen sie es.

Das Publikum starrte regungslos auf die Bühne und hatte vom Gläserhalten verkrampfte Finger. Die Männer machten breite Rücken und gerade Lippen. Die Frauen drückten ihre Brüste gegen die vor ihnen stehenden Männer und verströmten Hormone.

Als Eva die Bühne betrat, kam Bewegung in den Besitzer. Er klopfte Schlitzer auf die Schulter.

Schlitzer schüttelte die Hand ab.

Eva kam mit einer Pirouette auf die Bühne gewirbelt. Ihre Beine waren lang, die Muskeln verrieten die Tänzerin. Jede Drehung saß makellos. Ihr Hintern war wie zwei Halbkugeln, zwischen denen sie Nüsse knacken konnte. Sie fiel in den Liegestütz, bäumte sich auf und saß im Spagat. Ihren Betonbrüsten konnte kein Rhythmus etwas anhaben, die festgenähten Mundwinkel zeigten auf die kleinen rosa Ohren. Eva erinnerte an Jessica Rabbit, war aber mit viel weniger Liebe gezeichnet worden. Das Publikum war begeistert: Zack! Wusch! Wumm! »Los, steck mir deinen Fickprügel in die Spalte!«, Geil! Ächz! Stöhn! »Ich mach dir's, bis du schreist!«, »Ja, mach mir's, bis ich schrei!«. Evas Körper war mit dem Fett der Blödheit gesalbt, kein Brand und kein Aussatz würden ihr je etwas anhaben können. Als sie sich zum Ende der Musik nackt auf den Bauch gleiten ließ und nur ihren Hintern in den Scheinwerferkegel reckte, konnte man sehen, daß ihre Schöpfer ihr ein paar Löcher mehr eingebaut hatten. Ein Teil des Publikums folgte dem Beifall des zu fetten Kerls und des Mannes auf der Bühne. Ein paar Bierflaschen zerbrachen. »Dich fick ich«, schrie ein zersprungener Baß. Eine Frau quiekte: »Ich auch.«

Die letzte Nummer wurde angesagt.

Wieder verlosch das Licht im Saal, es wurde still. Ein einziger Spot war auf die Bühne gerichtet. Aus dem Halbdunkel blitzte ein Bein, Haut schimmerte, Haar schwebte. Die Musik zog an. Es waren viel zuwenig Töne, um etwas anderes zuzulassen – ein kultischer Tanz, die vergessene Anbetung einer Göttin. Die Musik erinnerte mich an nichts Bestimmtes. Ich kannte sie.

Ein Fuß streifte zärtlich wie die Tatze einer Katze den Boden. Ein Arm durchschnitt wie ein Lichtstrahl das Dämmerlicht und fand tanzend zu seinem Ursprung zurück. Hände und Brüste erschauerten gleichermaßen unter der zufälligen Begegnung.

Die Bühne wurde heller.

Der nur für Sekunden und in Bewegung zu sehende Körper war ein Versprechen, ließ die Haut kribbeln und mich geil werden wie einen Delphin. Das Licht wurde langsam grell, die Musik treibender, ekstatischer.

Break, cut, Stille.

Nur eine einzelne Trommel gab den Rhythmus. Die Bühne war so hell, daß ich es nicht ertragen konnte. Mir wurden die Knie weich. Ich klammerte mich an die Brüstung vor mir und dachte, daß das nicht wahr sein konnte: Das war der Tanz der Salome. Es ging um Köpfe. Meiner fiel mir vor die Füße. Er sah nicht gut aus.

Es war Claudia, die ihre Show zu Ende tanzte.

Eine Gruppe junger Leute, in freundliche Farben gekleidet, stand vor dem Eingang und konnte sich nicht entscheiden. Noch immer zuckelten Reisebusse den Ku'damm auf und ab. Auf den Rückbänken chromblitzender Jeeps saßen Mädchen und ließen ihre Haare im Wind flattern. Die Straße war voller Musik und Stimmen.

Ich bekam von all dem nichts mit. Ich hörte nur meine eigenen Schritte. Ich wäre gern rasend wütend gewesen. Aber so rasend wütend, wie ich gern gewollt hätte, war ich nicht.

Ich war beleidigt.

Beleidigt sein ist kein sehr aufregendes Gefühl.

Junge, Junge, dachte ich, die hat dich ganz schön übers Ohr gehauen, hat dir was von Liebe erzählt und dann verkauft sie ihren Arsch.

Jetzt war sie eines der Mädchen, die in leuchtend roten Fuck-me-Schuhen an den Schauvitrinen lehnten und sich angetrunkene Touristen fingen.

Mein Magen knurrte.

Immer wenn ich wütend oder beleidigt bin, bekomme ich Hunger.

Ich ging in das nächste McDonalds, kaufte mir 20 Chicken McNuggets, Pommes, Salat und eine große Coke. Ich würgte das mutierte Hühnerfleisch hinunter, stippte in die Soßen und starrte auf die Straße.

Pärchen schlenderten vorbei, Touristen zeichneten Nachtleben auf Video 8 auf. So was funktioniert immer nur für die anderen.

Ich blieb sitzen und mampfte weiter. Die Pommes waren nicht salzig genug. Pommes müssen salzig sein.

Auf nichts konnte man sich verlassen.

Draußen ging ein Schwarzer vorbei. Er trug eine leuchtend weiße Tunika.

Ist ja kein Wunder, stolz auszusehen, wenn man aufwächst mit einem Horizont vor den Augen.

Ich starrte ihm nach und kleckerte mir Curry-Soße aufs Hemd.

»Du hast Curry-Soße auf dem Hemd«, sagte Key. »Darf ich mich setzen?«

Er wartete keine Antwort ab. Ich schob mir einen neuen Klumpen zwischen die Zähne. Key nahm sich meine Coke.

»Das ist meine Coke.«

Key stellte den Becher zurück. »Du bist wegen Claudia abgehauen, was? Sie hat dir nicht erzählt, daß sie in Clubs tanzt, und jetzt bist du beleidigt. Ist es so?!«

»Blitzmerker!« Ich wischte mir die Finger an einer Serviette ab und warf sie auf den Tisch.

Key legte mir gönnerhaft eine Hand auf den Arm. »Vergiß es. Claudia hatte mich gebeten, dich vorzuwarnen. Ich wollte es dir vorhin auf der Toilette schonend beibringen, aber da warst du gerade etwas zu lässig, und ich wollte dir die Show nicht versauen. Also, es ist meine Schuld.«

»Steck dir deine Entschuldigung in den Arsch«, ich wischte seine Hand von meinem Arm. Dann begriff ich, was er gesagt hatte: »Du solltest mich warnen – von Claudia? Du kennst sie? Sie hat mir nie erzählt, daß sie dich kennt, diese...« Mir fiel kein passendes Wort ein.

»Ich kenne sie, und du, mein Freund, merk dir eins, eh du große Töne spuckst: Sie verdient Geld. Und es ist so scheißegal geworden, womit einer sein Geld verdient, wenn er weiß, warum – so was von scheißegal, das ahnst du gar nicht.« Key strich einige Krümel von der Tischplatte. »Und wenn du nichts davon verstehst, dann halt einfach die Klappe, klar?!«

In diesem Spiel war jeder eine Nummer größer als ich. Das paßte mir nicht. »Ich weiß nicht, was du von Claudia weißt. Vielleicht will ich das auch gar nicht wissen. Aber ich war in sie verliebt. Das ist eine Weile her. Jetzt dachte ich, daß wir Freunde wären. Sie hat mir gestern abend gesagt, sie fährt nach Italien. Du wirst mir gestatten, daß ich überrascht bin, sie tittenschwenkend in einer Prol-Disco zu treffen. Sie hätte es mir sagen müssen – das macht sie doch nicht erst seit gestern, oder?«

Key war ein Alleswisser. »Hör mal, Eisenkolb, ich kenne Claudia länger als du. Sie ist in Ordnung. Du wirst alles erfahren, was du wissen mußt. Aber nicht heute, für heute ist Feierabend.« Er beugte sich nahe zu mir. »Wir nehmen noch ein Näschen und dann... brain stop, die Nacht inhalieren und mit den Wölfen heulen. Ich bin dein Führer, okay?«

Ich drückte ein letztes Chicken McNugget in die Sauerscharfsoße. »Hast du sie auch, äh, du weißt schon... gefickt?«

Ein McDonald-Boy fragte, ob er das Tablett mitnehmen könne.

Wir gingen nach draußen.

Was sonst.

Die Nacht war schwül und sternenlos. Über uns hatte sich was zusammengeballt, das ein Gewitter ahnen ließ. In der Türnische eines Juweliers saß ein Cellist. Im aufgeklappten Instrumentenkoffer lagen einige Münzen. Er trug eine Pappnase, wie man sie zur Fastnacht trägt.

Ich dachte an Claudia. An Claudia, wie ich sie auf der Bühne gesehen hatte, und so, wie sie neben mir auf dem Bett gelegen hatte. Es war dieselbe Musik; der Tanz der weißen Männer – marokkanische Volksmusik. Es war die Musik, die mich verrückt gemacht hatte. Hätte sie nicht eine andere Melodie benutzen können? Wenn man sie einmal im Kopf hatte, konnte man sie nicht mehr abschalten.

Spalt schaltet den Schmerz ab.

Das Cello paßte nicht dazu.

Wieder im roten TransAm, zog Key einen Flachmann aus dem Handschuhfach und war unheimlich gut gelaunt. »Die Latex-Mama sorgt für alles.«

»Die Latex-Mama?«

»Na hier, dieser dicke Lederschoß. Diese Mischung aus Geborgenheit und Obszönität. Ist sie nicht wunderbar?« Key hielt mir die Flasche hin.

Ich wollte nicht.

»Na komm«, sagte Key, »der wird aus der Pisse dreizehnjähriger schottischer Jungfrauen destilliert, die sie ein Jahr lang mit Fliegenpilzen gefüttert haben.«

Bevor Key es noch einmal mit einem Spruch versuchen konnte, nahm ich einen Schluck.

Es mußte wirklich was aus Pilz sein. Noch bevor der letzte Tropfen im Magen angekommen war, streifte mich ein Schauer der Glückseligkeit.

Als Key die Flasche absetzte, hatte auch er ein mildes Leuchten in den Augen. »Sag mal, wie gefällt dir Schlitzer?«

»Na ja«, sagte ich, »bis vorhin fand ich ihn ganz gut... erinnert mich an einen alternden Schauspieler. Einen, der seit Jahren mit großem Erfolg die immer gleiche Rolle spielt.

Große Gesten, ein bißchen zu stark herausgearbeitet, wenn du verstehst...«

»Du findest Schlitzer nett?«

Ich nickte.

»Schlitzer ist vom alten Schlag – Wirtschaftswundermentalität! Er war der erste in Berlin, der einen offenen Rolls-Royce fuhr. Neunundsechzig, auf dem Höhepunkt des Spaßes, hat er auf dem Ku'damm Dope verteilen lassen. Leute, die mit oder gegen ihn gearbeitet haben, sind schneller gestorben als andere und die besten Partys hatte er auch. Es ist fast schade um ihn, aber die Zeit hat ihn überholt. Er ist alt. Das weiß er noch nicht. Bald haben wir den Binnenmarkt. Was dann abgeht, kann sich noch keiner vorstellen. Da ist Schlitzer im Vergleich ein Schwarzhändler am Nollendorfplatz, ein Puper, nach dem kein Hahn mehr kräht, ein Nichts, eine Niete, ha.« Key zog eine Diskette aus der Innentasche und hielt sie mir unter die Nase. »Was glaubst du, ist das?«

»Eine dreieinviertel Zoll Diskette.«

»Stimmt. Aber auf dieser Diskette für ein paar Mark ist ein Softwareprogramm, das die Welt wert ist... mit dem sich die Börse taktisch drei Tage und strategisch bis zu sechs Monate im voraus berechnen läßt. An diesem Programm habe ich drei Jahre lang gearbeitet. Die fraktale Geometrie hat mich darauf gebracht, das Chaos enthält alle Möglichkeiten... Kursschwankungen sind auch nur ein geometrisches Muster... also gibt es eine Formel dafür... Es funktioniert. Was fehlt, ist Geld, viel Geld. Geld, um die Idee an der Börse loszulassen... Claudia hat sich entschieden, sie investiert. Schlitzer kann sich nicht entscheiden, aber er wird mit allem investieren, was er hat...«

»Du willst ins Börsengeschäft einsteigen?«

»Im Gegenteil. Ich will die Börse abschaffen. Aus Spekulation wird Sicherheit, aus Risiko Gewißheit, die Börse frißt sich selbst... eine Simulationsebene nach der anderen pffft, und weg und dann ... dann verschwenden wir den Rest, verschleudern ihn, tauschen ihn gegen Glasperlen, einen Welt-Tausch-Markt, eine Verschwendungsorgie ... eine Ekstase ...« Keys Blick verlor sich in der Ferne, der TransAm blubberte im Leerlauf vor sich hin.

Eine Hupe brüllte hinter uns auf.

Wir zuckten zusammen, als hätte uns jemand beim Onanieren erwischt.

Der Fahrer des Benz, der auf den frei werdenden Parkplatz spekulierte, hatte es nicht mehr ausgehalten.

Key warf den Flachmann in das Handschuhfach und legte den Rückwärtsgang ein. Der TransAm schoß zurück und dann mit quietschenden Reifen nach vorn.

Das Kokain und Keys Jungfrauenpisse hatten mich ziemlich seltsam drauf gebracht. Ich war aufgedreht, überreizt, frustriert und voller Sehnsucht. Ich hatte Angst vor Georgs Wohnung, in der das heulende Elend lauerte. Angst vor dem Tod hatte ich sowieso. Ich wollte noch nicht aufhören. Also bediente ich mich immer wieder aus dem kleinen Glaskolben und blieb neben Key im zärtlichen Leder des TransAm hocken, weil er der einzige war, der da war.

Key erzählte von Schlitzer, daß er den Hauptanteil des Kokainflusses nach Berlin kontrollierte, daß er mit Pharma dealte, und daß Häuser, die er gebaut hatte, von manchen Leuten als Grabsteine für unbekannt gefallene Kleindealer angesehen wurden. Das war nicht mehr wichtig. Wichtig war die Musik.

»Hörst du überhaupt zu«, wollte Key wissen.

»Klar«, sagte ich, »Grabsteine für einbetonierte Dealer, kennt man doch aus dem Kino.«

Der Sound war erstklassig, die Welt einfach. Der TransAm zischte durch die Nacht. Key hatte eine feste Route. Zuerst fuhren wir Kreuzberg, dann Schöneberg ab. Es war wie bei BRIGHT LIGHTS, nur teurer.

Jeder Türsteher erwartete Key, es gab Umarmungen und Küßchen.

Ab und zu verschwand er hinter einer Tür oder im Gewühl und kleine, weiße Päckchen wechselten gegen bereit gehaltenes Geld die Besitzer. Getränke waren frei.

Es waren eine Menge Leute, die ihn grüßten. Weil ich mit ihm zusammen kam, gehörte ich dazu. Um das durchzustehen und weil es sich so gehörte, ging ich ab und zu mit aufs Klo oder hinter die Bar. Es gab keinen Grund, unruhig zu werden, alle taten es und sahen nicht schlecht dabei aus.

Irgendwann wußte ich, daß alle Klos dieser Welt gleich sind.

Ich stand auf einer Empore, schaute in die tanzende Menge. Unter mir feierten sich die Eisnasen, die Model-Faces, Frisöre, und alle zogen die Nasen hoch.

Mein Gott, was hatte ich denn gedacht – daß alle Schnupfen hatten?

Key stand neben mir. »Was willst du?« fragte er.

Ich verstand ihn nicht. Tief in mir hatte ich eine wunderbare Musik. So eine wie Bergsteiger sie hören, wenn sie fallen. Ein Gesicht mit tizianroten Haaren hätte prima dazu gepaßt. »Verlieben«, sagte ich, »ich will mich verlieben. Morgen fange ich damit an.«

Als Key mich vor Georgs Wohnung absetzte, drückte er mir ein kleines Tütchen in die Hand: »It's showtime, Fox.«

Der erste Blitz zuckte durchs Morgengrau.

Den Film hatte ich auch gesehen.

Knopf im Ohr

Ich hatte mich gerade hingelegt, als das Telefon klingelte.

Birke war am Apparat.

»Guten Morgen«, sagte sie, »es ist schon zehn nach acht und ich dachte, du wärst schon aus dem Haus. Also, der Zentralcomputer ist heut morgen blockiert, weil Daten nach Frankfurt übertragen werden müssen. Ich hab vergessen, es dir zu sagen, weil du eher gegangen bist. Die Arbeit fängt zwei, drei Stunden später an. Wenn du allerdings mit der Zeit nichts anzufangen weißt, dann kannst du trotzdem kommen. Es gibt noch ein paar organisatorische Dinge zu erledigen. Also, wann kommst du?«

Ich hatte noch die Nacht vor den Augen und einen furchtbaren Geschmack im Mund.

»Ja«, knurrte ich.

»Was ja – kommst du gleich oder später?«

»Ja«, wiederholte ich und legte auf.

Die drei Stunden Schlaf waren eine direkte Fortsetzung der Nacht gewesen, schnell, unruhig, und obwohl das Tageslicht in den Augen brannte, konnte ich nicht wieder einschlafen. Ich hatte das Gefühl, jede einzelne Zelle meiner Haut zu spüren. Beim Finger- oder Zunge-Spiel hätte ich mich kein einziges Mal vertan.

Ich machte mir eine Kanne Eiswasser, hockte mich auf Georgs Bett und versuchte meine Gedanken zu ordnen. Das Zimmer war keine Hilfe. Es war hell und hatte den Charme einer leerstehenden Arztpraxis. Auf dem gläsernen Schreibtisch lag Staub, auf dem weißen Freischwinger dahinter hing mein Jackett. Die schwarze Liege mit dem Bezug aus Fohlenfell stand da, als wäre Georgs Wohnung das Museum of Modern Times. Kein Mensch würde sich jemals trauen, darauf zu liegen. Auch Georg nicht.

Wenn ich ihn besuchte, lag er meist auf dem Bett und war dabei, sich vorzubereiten – auf den Tod, eine Tasse Kaffee oder den Gedanken, aufstehen zu müssen.

Na ja, mit Brasilien war er doch noch ganz gut hochgekommen!

Wütend trat ich mit dem Fuß gegen die Liege.

Staub wirbelte aus dem Fohlenfell und setzte sich wieder.

Ich fühlte mich dreckig, ließ mir Wasser in die Wanne. Die Badetabletten prickelten leicht, und kleine weiße Blasen setzten sich auf die Haut. Georg hatte sie aus Japan mitgebracht und mir auch erzählt, wie sie wirkten, wenn man sich hinterher in den Schatten der Berge setzt und mit einem Stein spricht.

Die Stellschraube in meinem Kopf löste sich langsam.

Vor ein paar Wochen hatte ich im Fernsehen einen Film über Tokio gesehen. Ich schloß die Augen und sah Türme aus Glas und Marmor, Häuser wie Schiffe und das Bild eines Tempels, der aussah wie die Kulisse zu einem »Star-Trek«-Film. Daneben war ein Shushi-Lokal mit einem traditionellen Vorgarten, und die Leute hielten Stäbchen und Comic-Pornohefte in den Händen, in denen kleine, schwarzhaarige Frauen, die sich demutsvoll verbeugten, von Männern mit Dämonenmasken und riesigen Schwänzen und Hörnern gefickt wurden. Ihr Stöhnen war das Jaulen von Sirenen, in ihren Augen spiegelte sich die Fröhlichkeit der Leuchtreklamen, Hochgeschwindigkeitszüge donnerten vorbei, und der Himmel war voller schwarzer Flecken, die alle Sally hießen, bis ein Gong ertönte, das heilige Instrument, und hervor tanzte eine Frau mit tizianrotem Haar...

Ich strampelte mit den Füßen, Wasser klatschte auf den Fußboden, mein Herz raste.

Ich duschte mich ab und sprang aus der Wanne.

Fünf Minuten später verließ ich die Wohnung.

Ein paar Ecken weiter roch es nach Urin, Abgasen und gewaltig nach dem schlechten Atem von ein paar hunderttausend Frühaufstehern. Ich stand vor dem Schaufenster einer Art-Deco-Galerie. Die ausgestellte Lampe interessierte mich genausowenig wie der kleine Sekretär und das rote Ledersofa.

Mich interessierte das Spiegelbild.

Es zeigte einen breitgesichtigen, schmallippigen jungen Mann mit kräftiger Nase. Das karierte Jackett trug er locker über den Schultern, die Hände steckten bis zu den Gelenken in den Taschen. Keine Spur von schwarzen Löchern im Kopf und einem Zittern in den Fingerspitzen. Auf keinen Fall sah er aus wie jemand, der sich von einem Kokain-Dealer mit höheren Absichten und einem alternden Unterweltboss in irgendwas hineinziehen läßt.

Im Gegenteil.

In den Taschen meiner Jeans steckten Schlitzers Geld und Keys Briefchen. Ich versuchte nicht dran zu denken.

Ich dachte die ganze Zeit an nichts anderes.

Hohe Absätze klapperten hinter meinem Rücken, ein Lkw brachte frische Schnittblumen aus Holland. Ein Mercedes stand vor einer zugeparkten Ausfahrt und hupte.

»He, gehört die Rostlaube vielleicht dir?«

Ich kniff meinem Spiegelbild ein Auge zu.

»Verdammt noch mal, ich habe dich was gefragt!«

»Ja«, sagte ich, »aber ich habe den Schlüssel verloren.«

Wenigstens hatte ich keine Parkplatzprobleme. Ich machte mich auf den Weg zur Bäckerei, um mir was zum Frühstück zu besorgen.

Die Stadt hatte ein neues Weißbrot.

In großen Lettern stand es auf einem Plakat, das an der Tür der Bäckerei klebte. Es war eine neo-schicke In-Bäckerei mit unverputzten Wänden und verchromten Regalen.

Eine Frau kaufte in großen Mengen belegte Brötchen und Zuckerteile für ihre Kollegen. Sie trug ausgetretene weiße Cowboystiefel und eine mit Blechnieten besetzte Jeansjacke.

Zwei Bauarbeiter aßen Pflaumenkuchen im Stehen und lasen »BZ«. Sie gehörten zur S-Bahn-Baustelle. Einer war Türke. Mit kurzen Sprüchen in gebrochenem Deutsch brachte er seinen Kollegen immer wieder zum Lachen. »Isch haben gesagt wir trinken noch einen und wenn dann nicht mehr geht ich dich ficken mit Flasche. Hahahahandvomsack.«

»Du verstehst die Weiber, wa«, sein Kollege wischte sich die Finger an der Zeitung sauber.

Ich kaute an meinem Eibrötchen und schaute der Verkäuferin zu. Sie wischte Krümel von der Theke. Über den Kuchenblechen kreisten Wespen. Das war gefährlich. Als ich zahlte, verlangte ich eines von den neuen Weißbroten.

»Die liegen hinten«, sagte die Verkäuferin. »Wollen Sie nicht lieber ein frisches?« Es war eine dicke Frau mit gepunkteter Schürze und einem freundlichen Gesicht. Sie zeigte auf das Regal hinter ihrem Rücken.

»Nein«, sagte ich, »ich möchte ein neues.«

Die Frau schüttelte den Kopf und ging eins holen. Mit einer Geste der Verachtung legte sie das Brot auf den Ladentisch.

Es war ein weißer Quader in einer bedruckten Plastiktüte. Auffällig war das Wort »neu«.

Ich klemmte mein Brot unter den Arm und ging.

Beim Hinausgehen stieß ich mit einer alten Frau zusammen.

»Oh«, sagte sie, »Sie sind doch der junge Mann, der jetzt in der Wohnung von Herrn Hahn wohnt, nicht?«

Herr Hahn, das war Georg. »Ja«, sagte ich, »bin ich.«

»Ich bin seine Nachbarin«, sie musterte mich von unten nach oben. »Herr Hahn und ich haben ein sehr gutes Verhältnis miteinander. Ich kümmere mich im Haus um die Flaschencontainer.«

Georg hatte mir von ihr erzählt. Sobald jemand seinen Müll runterbrachte, kam sie hinterher und schaute nach, was und wieviel jemand gegessen und getrunken hatte. Wir vermuteten, daß sie Buch über den Alkoholkonsum der einzelnen Parteien führte und das dann mit ihren Freundinnen auswertete. Ich hatte keine Lust auf ein Gespräch mit ihr. »Tut mir leid. Herr Hahn wohnt jetzt in Brasilien.«

»Oh, davon hat er mir gar nichts erzählt.«

»Na ja, das wird er wohl vergessen haben. Er hatte die letzten Tage viel zu tun.«

»Wann wird er denn zurückkommen?«

»Das weiß ich leider auch noch nicht. Aber sobald ich es erfahre, werde ich Ihnen Bescheid sagen.«

»Sehr freundlich, junger Mann. Und denken Sie bitte daran, die leeren Flaschen alle in den Container. Zerschmeißen brauchen Sie sie nicht, das mach ich dann ...«

Ich versprach, alles genau so zu tun und machte mich aus dem Staub.

Das Brot sah wirklich erbärmlich aus. Auf dem Weg zum TEMPO-Institut wollte ich es wegwerfen. Ich dachte an Frau Meisel und dann an meine Großmutter und daran, daß man Brot nicht wegwirft. Meine Großmutter war eine umsichtige Hausfrau gewesen, und ihrer Sparsamkeit war es zu verdanken, daß Deutschland sich zwei Kriege hatte leisten können.

Ich benutzte das Brot in der S-Bahn als Kopfkissen. Ich

träumte einen kurzen Traum von Weite und Kornfeldern. Beinahe hätte ich darüber das Aussteigen verpaßt.

Das Brot kam mit.

»Ich bin heute nur im Kreis gelaufen, aber dafür haben sie mich nicht erwischt«, begrüßte mich Birke. Sie blieb im Flur stehen. »Junge, siehst du fertig aus. Habe ich dich mit meinem Anruf heute morgen aus Versehen geweckt? Ich wäre untröstlich.« Sie warf mir einen Slow-Motion-Blick zu. Ihr Mund war rot geschminkt, sie trug einen getigerten Minirock. Er stand ihr ausgezeichnet.

Ich winkte locker ab. »Ich hatte ein bißchen in Hegels Phänomenologie gelesen und war darüber eingeschlummert. Gewöhnlich schlafe ich gar nicht.«

Birke war ein tolles Mädchen.

Das war ein Punkt für mich.

In der Küche war für die Uhrzeit schon ein erstaunlicher Dampf. Die ganze Clique von gestern stand sich die Beine in den Bauch. Der Supervisor saß auf dem Boden und grüßte durch Handzeichen. Mein langer Nachbar verbeugte sich leicht. Ein paar Leute rückten zur Seite.

Es ist ein gutes Gefühl, wenn jemand unaufgefordert Platz macht. Ich schenkte mir einen Kaffee ein und hockte mich auf den Boden.

Zwei Bankräuber hatten gestern abend einen Linienbus gekapert, nachdem sie eine Filiale der Deutschen Bank überfallen hatten. Man diskutierte heftig und wertete die Ereignisse aus.

Ich hatte wieder mal nichts mitbekommen.

Die Gangster hatten erst in der Bank zwei Geiseln genommen. Damit erpreßten sie ein Fluchtauto. Mit dem Auto fuhren sie nach Hannover. Als sie sich verfolgt fühlten, kaperten sie einen vollbesetzten Linienbus. Das Verrückte daran war nicht die Aktion, sondern daß im Fernsehen eine Art »Nase vorn«-Show daraus gemacht wurde. Während der eine der beiden Typen im Bus die Geiseln in Schach hielt, gab der andere unter strahlend blauem Himmel eine Pressekonferenz. Von Journalisten umringt, stand er mit der Pistole in der Hand.

»Also, wir ham abgeschlossen, will ich mal sagen ... mit dem Leben ham wir abgeschlossen ... entweder, wir kommen so durch, oder ... Loch im Kopp ... also, vor allem mein Kumpel, der ist feuergefährlich, also wirklich, dem möchte ich nich zwischen de Finger geraten ... wenn die Bullen kommen, wir haben auch größere Knaller ... Also, kein Kommentar ... ich will mal so sagen ... mit weiteren Geldforderungen ist zu rechnen ... keine Fragen mehr, das Leben bis jetzt war eh beschissen, was solls ... ich geh dann man wieder ...«

Ein pickliger Junge mit einer Goldrandbrille spielte ihn nach. Er hieß André und machte seine Sache gut. Es gab Beifall.

Mein langer Nachbar, der auf den Spitznamen »Der Schwan« hörte, war der Meinung, daß den Kidnappern ein Kunstpreis gebührte. Seiner Meinung nach hatten die mehr von der Wirklichkeit begriffen, als die meisten deutschen Aktionskünstler, Beuys und der ganze Fluxus inbegriffen. Als Beleg führte er Andy Warhol und David Bowie an: Be a hero just for one day.

Schlagartig ging die Post ab. Begriffe wie künstlerische Unbedingtheit, Projektionsebenen, »Revolte als soziales Medium« und »Abschaffung der Referenzwerte« und so weiter schwirrten durch die verräucherte Kaffeeküche.

Ich saß auf dem Boden, hielt mein Brot vor der Brust und dachte, hoppla, hier denken sie also. Das TEMPO-Institut als Brain-Nische. Ich mußte lachen. Beim Rundfunk hatte ich sie gesucht, und hier saßen sie. Jemand gebrauchte den Begriff »Ästhetik der Existenz«. Es war der Junge mit der

Goldrandbrille. Ich wußte nicht, was ich darunter zu verstehen hatte. Aber es gefiel mir. Es klang nach was Großem, nicht diesem verdammten Design-Geplärre.

Die Diskussion verstummte schlagartig, als Anke sagte, daß in der Nacht eine der Geiseln mit einem Kopfschuß umgelegt worden war.

»Scheiße«, sagte der Schwan.

Mit in die Stirn geschobener Brille fragte André, warum nicht endlich die GSG 9 geholt würde, um dem Spuk ein Ende zu machen.

Das fragten sich alle.

Den Nacken an das Brot gelehnt, atmete ich tief durch und war sehr froh, hier und nicht in diesem Bus zu sitzen.

Dann kam die Müdigkeit wieder.

Ich weiß nicht, wie gut ein Mann aussieht, wenn er schlafend den Kopf an ein Weißbrot gedrückt hält. Sicher ist es nicht der Anblick, der Frauen schwach werden läßt.

Schwäche war ganz auf meiner Seite.

Ich brauchte einen Moment, bis ich den Ernst der Lage begriff. Angelique, das Mädchen der ersten Stunde, mein schneehäutiger Traum, stand am Kaffeeautomaten.

Wie sie am Kaffeeautomat stand!

Ihre Kniekehlen glänzten, ihr Arsch war formvollendet in einen schwarzen Rock verpackt. Sie tat, als hätte sie mich nicht bemerkt, obwohl sie auf dem Weg zur Kaffeemaschine wenigstens über mich rübergestiegen sein mußte.

Hätte ich ihr zu Füßen gelegen!

Aber nein, ich lag einfach rum.

Wahrscheinlich hielt sie mich für ein Möbel. Eine sehr unangenehme Situation!

»Mein Yoga-Lehrer hat immer wieder betont, daß man sich nur tief genug in seine Müdigkeit fallen lassen muß, um die Astralbilder zu finden, die die verbrauchte Energie sofort zurückbringen.« Ich blieb auf dem Boden sitzen und zog die Revers meines Jacketts glatt.

Ihr Blick war überhaupt nicht bewundernd, als sie sich zu mir drehte. Ganz uninteressiert war er auch nicht. »Und was für ein Bild war es, das dir die Energie zurückgebracht hat?« Sie klackerte mit lackierten Nägeln gegen die Kaffeetasse.

Sinnend schloß ich noch mal kurz die Augen, bevor ich meinem Blick höchste Intensität verlieh. »Es waren Beine – Beine, die in roten Schuhen beginnen und auf unheimliche Weise in einem schwarzen Stretchrock verschwinden. Es war ein Bild euphorisierender Intensität.«

»Es war?«

Ich verbesserte mich: »Es ist, ist ein Bild von euphorisierender Wirkung.«

Sie zog ihren Rock ein Stück nach unten. »Für eine Stehparty unter Fremden wäre mir das zu plump. In Anbetracht deiner Lage ist es nicht schlecht. Wenn man dabei bedenkt, daß du eben noch auf dem Boden gelegen und Töne gemacht hast wie ein junger Vogel, der aus dem Nest gefallen ist, dann ist das sogar sehr ordentlich.«

Fand ich auch. Das mit dem Jungvogel hätte sie sich schenken können, ließ aber auf einige Qualität schließen. Ich rappelte mich vom Boden auf und stellte mein Weißbrot vor: Hermann Eisenkolb.

Angelique.

Ich kenne keine Frau, bei der ich diesen Namen nicht furchtbar gefunden hätte. Bei ihr war er so neu und echt wie die Plastikohrringe, die sie trug. Das sagte ich ihr und auch, daß die Töne nichts mit einem verlorenen Vögelchen zu tun hatten, sondern modifizierte Formen des zerebralen Urlautes waren.

Birke stand plötzlich hinter uns.

»Bitte keine Philosophie mehr«, sagte sie. In ihren Augen

blitzte es. »Philosophie am Morgen macht den jungen Mann immer so müde. Jedenfalls scheint ihm die Phänomenologie heut morgen ganz schön zugesetzt zu haben.«

Das war für Angelique.

»Ich wußte nicht, daß ihr euch näher kennt«, sagte Angelique. Birke zulächelnd ging sie.

Birke hatte die Arme vor der Brust verschränkt. Sie sah zufrieden aus. »Ein richtiges Engelchen, was?«

Ich nickte schweren Herzens.

»Wenn du bis heut abend dein Pensum nicht erfüllt hast, dann fliegst du.«

Die Runde ging ganz an sie.

Mit einem Knopf im Ohr ist die Welt reichlich trist. Es war, als würde die Energie über den Ohrhörer aus dem Kopf direkt in den Boden fließen und dort versickern. Gefährliche Sache, viel Energie war nicht mehr da.

Während ich stereotyp die Fragen herunterleierte und Antworten in den Computer tippte, kreisten die Bilder der letzten Nacht in meinem Kopf. Es war ein Gefühl wie Achterbahn fahren. Erst drohte es einen aus dem Sitz zu schleudern, dann preßte es einen zusammen und zum Schluß war einem schwindlig. Trotzdem ist man sich sicher, was ganz Tolles erlebt zu haben.

Ich dachte daran, Karen anzurufen.

Ich war seit zwei Tagen nicht mehr zu Hause gewesen.

Sie hatte keine Chance, mich zu finden.

Ich hatte Sehnsucht nach ihrer Stimme. Ich hatte das Verlangen, ihr eine Weile zuzuhören. Sie würde ein paar wichtige Dinge von ihrer wichtigen Arbeit erzählen. Sie würde sich bei mir beklagen, daß die Produktionsassistentin eifersüchtig auf sie sei, daß sie Probleme mit der Maske habe. Sie würde sich einen Teufel darum scheren, daß mich das alles nicht interessierte. Sie würde mich nicht fragen, wie es mir ginge. Sie würde nicht zuhören.

Die gute alte Wut war wieder da.

Ich schaute zu Angelique.

Das war besser.

Die Beine von sich gestreckt, lümmelte sie mit durchgedrückten Schultern auf ihrem Stuhl. Ihr Mund formte so obszöne Worte wie: »Guten Tag, das ist eine telefonische Meinungsumfrage im Auftrag des Infra-Institutes. Wenn Sie innerhalb ihres Haushaltes als nächstes Geburtstag haben, dann würde ich ihnen gern...« Sie hatte Spitzenbeine, und sie wußte, wie sie saß.

Seit ich meine letzte Teekanne zerbrochen hatte, hielt ich nicht mehr viel von Psychologie. Wenn jemand jede Chance nutzt, sich so zu präsentieren, dann sucht er was anderes als einen Spielkameraden, mit dem man das Kuschelkissen teilen kann. Als Kind zu oft geschlagen, alleingelassen oder vom ersten Liebhaber im Buddelkasten vergraben und seitdem Sehnsucht, was weiß ich.

Angelique schaute im richtigen Moment auf.

Sie war eine Tussy. Ich hatte mir schon immer eine Tussy gewünscht.

Fick dich ins Knie, oder ich fick dich ins Knie. Der Blick konnte beides heißen. Die kleine Unklarheit machte den Reiz. Trotz meiner Müdigkeit lag ich nicht schlecht im Schnitt.

Andreas, der Supervisor, kam mit in den Nacken gestrichenen Haaren zum Quatschen vorbei und fragte, was ich vor TEMPO gemacht hätte.

Müde ist gut cool sein. »Radio«, sagte ich und notierte, daß eine junge Frau in Bottrop auf der Werteskala zwischen sechs, sehr schlecht, und eins, sehr gut, so in der Mitte liegen wollte: Eben wie alle.

Andreas wollte wissen, was und bei welchem Sender ich es gemacht hätte.

»Hatte eine eigene kleine Sendung... Moderation und Redaktion.« Ich war schon stolz, als ich den Namen des Senders nannte. Er gehört zu den meistgehörten Plätschersendern in der Stadt.

»Wie hast du das geschafft?«

Ach, es war verdammt einfach gewesen. Als ich nach Berlin kam, war ich euphorisch wie jeder Wessi, der nach Berlin kommt. Euphorisch genug, um zu glauben, daß ich tun könnte, was noch keiner vor mir getan hat. Ich tat das Nächstliegende. Ich lief zum Sender und ging nicht eher, bis ich mit dem Programmdirektor gesprochen hatte. Das war ein Zufall, weil der Programmdirektor so neu und unsicher war wie ich. Deshalb brauchte er einen Verbündeten. Deshalb wollte er, daß ich blieb. Er empfahl mich an den Redakteur des Jugendfunks weiter. Vor dem stand ich wie Sterntaler im Hemd. Weil er nackte Jünglinge schick fand, wollte er ein Konzept von mir. So entstanden die BRIGHT LIGHTS, kleine Protokolle der großen Neugier, die ich damals hatte. Nach der ersten Folge war der stellvertretende Chefredakteur völlig aus dem Häuschen. Es war ein schlaksiger Kerl, dem ich bis zum Bauchknopf reichte. In jeden Satz baute er mindestens ein englisches Wort ein. So nach dem Motto: Ich traf da ein paar Friends, wir haben uns schnell ein Yellow gerufen... An seinem Gürtel hing eine Coca-Cola-Dose aus Plastik. Eines seiner Lieblingswörter war »wilder Journalismus«, was er direkt von »wilder Malerei« abgeleitet hatte. Er war der Überzeugung, aus mir könnte ein Hunter S. Thompson werden. Das war genug Startkapital.

»Ich war neugierig und bin hingegangen«, sagte ich.

»Und warum bist du jetzt hier?«

Das war eine gute Frage. »Frag mich mal, wenn keine Kamera läuft... Undercover, du verstehen?«

Andreas nickte noch, als er schon beim Nächsten stand. Mit Verschwörermiene blinzelte er mir zu.

Ich nickte zurück.

Wenn alles so einfach gewesen wäre, dann säße ich jetzt nicht mit einem Knopf im Ohr bei TEMPO.

Hingehen war einfach.

Bleiben nicht.

Als die Nagra über der Schulter nicht mehr neu war, passierte was Schlimmes. Es passierte nicht plötzlich, sondern von Mal zu Mal mehr.

Es begann mich zu langweilen.

Die BRIGHT LIGHTS waren Fastfood für die Ohren. Ich hatte keinen Hunger mehr. Später nicht einmal mehr Appetit.

Ständig auf der Suche nach DJs, Kneipenbesitzern, Designern, die die Finger drauf hatten, bestätigte ich mit meinen Besuchen, wie sehr sie die Finger drauf hatten, und bewies als Entdecker dieser neuen Finger-Drauf-Wichtigkeit, wie sehr ich den Finger drauf hatte.

Das Radio mußte voll werden.

Das Radio wurde immer voll.

So blieb ich nach Interviews immer häufiger in irgendwelchen Kneipen hängen, ohne Lust auf Leute, ohne Lust zu reden, die Bänder voller Hintergrundgeräusche. Meine Beiträge wurden liebloser und schlampiger.

Den Gnadenstoß versetzte mir ein Maler.

Ein Bekannter hatte mir den Tip gegeben, daß es da jemanden gab, der was ganz Abgefahrenes macht. Ich also hin und schon im voraus gelangweilt.

Abseits von Unartig, Ab-Art, der neuen Berliner Vereinsmeierei und dem Trend zur Plastik saß jemand in einem lausigen Atelier in der Oranienstraße und malte Bilder in Krapprot, Dunkelviolett, Navy-blau und Lemon-yellow voller Frauen, denen die Liebe aus den Augen sprang, und Männern, die so voller Leben waren, daß einem die Seele aus den Augen lief.

Als ich ihm das Mikrophon unter die Nase hielt, sagte er nein.

Noch nie hatte jemand nein gesagt.

Ich blieb lange bei ihm. Mit niemandem ist besser trinken als mit Malern.

Auf dem Weg nach Hause verlor ich die Nagra.

Dank eines Taxifahrers fand ich sie zwei Tage später wieder. Der Tip kostete mich ein Wochenhonorar, und das war immer noch geschenkt.

Als ich es nicht mehr ertragen konnte, daß ständig jemand in mich hineinredete, floh ich an die Kaffeemaschine.

Angelique kam zufällig.

Jeder war mit sich beschäftigt.

Mir standen die Augen auf Halbmast und Angelique lehnte an ihrer Kaffeetasse. Sie gähnte laut und unkontrolliert wie ein Bauarbeiter.

»Eisenkolb, warum überfallen wir nicht eine Bank, statt diesen idiotischen Job hier zu machen. Ich hasse es, fremde Leute nach ihrer Meinung zu befragen. Ich hasse fremde Leute. Warum überlassen wir die großen Aktionen immer Flaschen, die sowieso alles vermasseln?«

Es ist ein großer Moment, wenn man von der Frau, an die man seine Träume verschwendet, plötzlich mit Namen angesprochen wird.

»Okay«, sagte ich. »Wir werden auf den Fahndungsfotos sehr gut aussehen.«

Angelique nippte am Kaffee. »Du besorgst zwei Pistolen, die richtig große Löcher machen, ich überlege mir inzwischen, was ich anziehe.« Wieder gähnte sie, daß man bis zum Roten Meer gucken konnte. »Entschuldigung, sehr ungezogen von mir. Ein Glas Sekt wäre ein guter Übergang.«

Ein schönes Spiel. Small Talk für Fortgeschrittene, wir Kinder der Nacht.

Obwohl es mich nicht für fünf Pfennige anging, hätte ich gern gewußt, was sie so müde gemacht hatte. »Na«, versuchte ich es so charmant wie möglich, »letzte Nacht auch nicht viel ins Bett gekommen?«

Angelique zog spöttisch die Augenbrauen hoch. »Fragt man eine junge Dame so was?«

»Entschuldigung...«

»Es ist das Wetter...«

»Stimmt«, bestätigte ich, »es gibt Leute, die schlafen bei diesem Wetter im Sitzen ein.«

»Oder meditieren.«

»Danke.«

Ich hatte mir immer eine Frau gewünscht, die es leicht macht, auch wenn es manchmal schwerfällt. »Cordon Rouge«, sagte ich, »Cordon Rouge ist der einzige Champagner, der mir wirklich schmeckt. Und das weiß ich auch nur, weil er in ›Es war einmal in Amerika‹ mitgespielt hat.«

Das war die reine Wahrheit.

An gestern abend erinnerte ich mich nicht.

»Okay«, sagte Angelique, »war ja nur ein Versuch. Hätte ja sein können, daß du was in der Tasche hast. Muß es eben mit Kaffee weitergehen.«

Ich wollte ihr gerade die Kanne rüberreichen, da fiel es mir ein. »Moment mal. Ich hab da was, das ist feinperliger als Sekt, und es macht dich fit wie ein Turnschuh, richtig fit!«

Bevor Angelique etwas sagen konnte, war ich schon im Arbeitssaal. Mein kariertes Jackett hing freundlich über der Lehne meines Stuhles. Sehr wertvolles Exemplar.

Der Schwan schaute erschreckt auf, als ich es von der Lehne riß.

»Willst du schon gehen?«

»Einen Augenblick nach draußen. Bin gleich wieder da.« Ich wußte sehr genau, was ich tat. Wer hat, der kann. Es reicht nicht, müde zu sein, um miteinander zu schlafen.

Ich nahm Angelique an der Hand und zog sie aus der Küche.

Die Toiletten lagen zwei Stockwerke tiefer.

Angelique machte ihre Hand frei.

Sie kam mit, ohne zu fragen.

Wir gingen auf die Herrentoilette. Als ich die Tür hinter uns verriegelte, hatten wir noch kein weiteres Wort gewechselt.

In der Enge der Zelle war Angelique der Rock über die Schenkel gerutscht. Sie versuchte, mir nicht zu nahe zu kommen. Ihr Gesicht war weiß. Das lag am Rot ihres Haares, das im Halbdunkel leuchtete.

»Irgendwas nicht in Ordnung?«

Sie schüttelte den Kopf. »Nein, nein, alles okay.«

Mit vor Aufregung zitternden Händen suchte ich Keys Überraschungsei in den Jackett-Taschen. Ich fand es in meinen Jeans.

Mit dem Taschenmesser kratzte ich was vom weißen Splitterstaub auf den Klodeckel und hackte es zu Pulver, soweit ich meinen Augen trauen konnte. Als zwei saubere Lines auf dem Plastikdeckel lagen, nahm ich einen von Schlitzers Scheinen und drehte ein sauberes Röhrchen.

Angelique schaute mich mit großen, sehr großen Augen an. Sie rührte keine Hand. »Speed?« fragte sie.

»Koka«, sagte ich.

Sie nickte. Es waren ihre Augen. Die schauten, als hätten sie das schon immer alles gewußt.

Ich dachte an ein Gedicht von Baudelaire: »Der Seherische Stamm mit schwarzen Feueraugen / ist wieder unterwegs...« Aber das war Lyrik und paßte nicht in den Raum zwischen Tür und Abortdeckel.

Es gab keinen Grund, erstaunt zu sein.

Ich gab mir einen Sniff und hielt Angelique das Röhrchen hin.

Angelique hielt sich mit einer Hand die Haare aus dem

Gesicht, als sie sich über den Toilettendeckel beugte. Sie richtete sich wieder auf und gab mir den Schein zurück: »Bekommt man davon große rote Amischlitten?«

»Nein«, sagte ich, »davon darf man nur mitfahren.«

Einen kurzen Moment hätten wir uns küssen können.

Ich lauschte nach draußen, bevor ich die Tür öffnete. »Alles okay?«

Angelique huschte an mir vorbei, ihre Hand streifte mich. »Okay.«

Mit diesem »Okay« in den Ohren und dem Schnee in der Nase blieb ich auf dem Toilettendeckel sitzen. Ich hatte das Gefühl, daß irgendwas in Bewegung gekommen war.

Ich wußte nicht, was.

Für den Abend wurde eine Spontan-Party geplant.

Der Boß war extra gekommen, um die Fäden in die Hand zu nehmen. Er trug ein Muskelshirt und eine Goldkette, die er irgendeinem Hip-Hopper geklaut haben mußte. Motorradhelm und Lederjacke hatte er dekorativ auf den Boden geworfen.

Die Party sollte in Andreas' Wohnung stattfinden. Andreas war sich nicht sicher, ob seine Wohnung das Richtige dafür sei. Er hatte Angst um seine umfangreiche Plattensammlung.

Anke versicherte, die Wohnung habe sich auch beim letzten Mal bestens bewährt.

Andreas nahm dieses Kompliment sehr zurückhaltend auf. »Wenn diesmal niemand beim Saubermachen hilft, dann kommt das ins Radio. Der Rundfunk wird nämlich auch da sein, was, Rundfunkmann?« Er spielte das wie einen Trumpf aus.

»Natürlich werden alle helfen.« Anke wirkte sehr glaubwürdig. Sie stand neben Angelique und ließ sich Feuer geben. »Stimmt das, was Andreas gesagt hat; du machst eine Sendung über uns?«

Ich wäre froh gewesen, hätte Andreas meine Bemerkung vorhin als das verstanden, was sie war: ein schlechter Witz. Jetzt stand Angelique mit im Raum und ich konnte keinen Rückzieher machen. Angelique hielt das Feuerzeug wie eine Waffe auf mich gerichtet. In ihren Augen war ein spitzes Lächeln. Ich spürte den Energiestrahl, wenn sie zu mir schaute. Ich zuckte mit den Schultern und versuchte möglichst undurchdringlich zu gucken: »Eisenkolb – im Auftrag der Wahrheit unterwegs.«

Neben Angelique war kein Platz mehr, wo ich mich hätte hinstellen können. Es war überhaupt zuwenig Platz. Ich spürte dieses Vibrieren in meinem Körper. Hätte ich die Hand nach Angelique gestreckt, blaue Blitze wären durch den Raum gezuckt.

Vorsichtshalber ging ich raus.

Während Anke drinnen weiter plapperte, eine Abstimmung über die Getränke stattfand und André alles aufschrieb, stand ich an die Wand gelehnt und konnte nur an eines denken: Es mit Angelique zu tun, bis ihr die Farbe aus dem Gesicht fällt.

Birke ging in die Küche, verschwand im blauen Dunst. Natürlich war sie für eine Party, natürlich würde sie kommen, hörte ich sie, natürlich war sie für billigeren Sekt und dafür für mehr. Das entband sie aber nicht von der Pflicht, alle wieder an ihre Arbeitsplätze zu verweisen.

Es war Andreas' Aufgabe, diese Entscheidung durchzusetzen.

Obwohl er sich Mühe gab, so diplomatisch wie möglich vorzugehen, verringerte er seine Chancen, morgen früh jemanden zu finden, der ihm seine Wohnung wieder mit in Ordnung bringen würde.

Als sich die Gang wieder zu den Arbeitsplätzen trollte,

stand Angelique neben mir. »Ich werde heute abend da sein, du auch.«

Das war einfach so dahingesagt, eine Feststellung, keine Frage.

Es versetzte mich aus dem Stand in die Überzeugung, ein ziemlicher Glückspilz zu sein, und es war, als ob ihre Augen Farbe bekämen, so wie in »Rumble Fish« die Fische. Und der Held weiß sofort, daß er der Frau nichts erzählen muß, und die Frau weiß, daß er sie nichts fragen wird, was sie ihm nicht selbst sagen will...

Hamburger sind nett. Am Telefon ganz besonders. Vielleicht liegt das an der Seeluft, die durch die Stadt fegt. Jedenfalls scheinen die meisten Hamburger klarer im Kopf zu sein und haben auch weniger Probleme, ihre Meinung zu sagen. Ich freute mich gerade, daß auch die vierte Nummer in Folge mit der Vorwahl 040 begann, als sich Birkes Hand auf meine Schulter legte.

Ich sagte ihr, daß ich jetzt keine Zeit zum Schmusen hätte.

Birke trennte die Leitung. »Da ist Besuch für dich. Er hat gesagt, daß er dich holen kommt.«

Ich kannte niemanden, der mich hier besuchen würde. Um ehrlich zu sein, ich wollte niemanden kennen. Mir lag kein Stück daran, Key heute abend zu sehen.

Vorsichtig legte ich Mikrophon und Hörmuschel auf den Tisch zurück, bevor ich mich umdrehte. Für einen Moment wünschte ich mir nichts mehr, als daß es Key gewesen wäre.

Der Schatten der Nacht war gekommen, um mich zu holen. Die Geister schickten ihre niederen Diener. Schlitzers Faktotum Pavel stand in der Tür. Die stämmigen Beine leicht gegrätscht, die Hände über dem Sack verschränkt, erinnerte er an einen amerikanischen Bullterrier.

Birke schien mein Erschrecken bemerkt zu haben. »Der böse Onkel?« fragte sie.

»Noch schlimmer«, sagte ich, »sein fieser Bruder.«

Ich fühlte mich sehr elend. Das half nichts.

Ich suchte Angeliques Blick, aber die war nicht da.

Mit gemischten Gefühlen und einem starken Vorsatz ging ich durch die Tür, die Mister Solidarnosz mir offenhielt: Kämpfe für dein Recht auf Party.

Quatsch mit Soße

Der Klang, mit dem das Tor ins Schloß fiel, erinnerte an die Deutsche Bank: schwer, dumpf und endgültig. Der Lärm der Straße blieb dahinter zurück, Sonne und Hitze auch.

Mit stoischer Miene und immer im zweiten Gang hatte mich Schlitzers Höllenhund vom TEMPO-Institut zu diesem Haus in der Lietzenburger gefahren. Von außen war es ein lieblos gepflegter Altbau mit etwas Jugendstil am Portal. Drinnen krönte ein Januskopf das Gewölbe der Eingangshalle. Von der zwei Stockwerke hohen Decke hing ein Lüster, die Wände waren verspiegelt. In Öl gemalte Elfen tanzten um die Galerie.

Es gab einen Fahrstuhl, aber der war außer Betrieb.

Schlitzer bewohnte eine Etage im fünften Stock. Der Flur hatte die Länge einer Fechtbahn. Mehrere Türen gingen links und rechts ab. Alle waren geschlossen. An der Stirnseite des Flures, dem Eingang direkt gegenüber, fiel Licht durch eine bunte Glasrosette über einer zweiflügeligen Tür. Wie ein abgestürzter Regenbogen lag es in Splittern auf dem dunklen Parkett.

Ein Hauch von billigem Aftershave streifte mich. Es hing mir schon seit der Fahrt in der Nase. Schlitzers Wachhund schlurfte an mir vorbei. Mit einer Handbewegung gab er mir zu verstehen, daß ich zu warten hatte.

Er klopfte dreimal an die Rosettentür. Ohne Antwort abzuwarten, ging er hinein.

Die Tür schlug zu.

Zwischen Neugier und Manschette hin und her gerissen, stand ich im Flur und hatte die Nase von Lagerfeld voll.

Die Wohnungstür war mit einem Code-Schloß gesichert, mit einer Feuerleiter nicht zu rechnen – es ging nur noch nach vorn. Ich zog mein Jackett über den Revers glatt, streckte die Schultern durch und ging dem kleinen, breiten Mann nach.

Dem Zimmer fehlten nur wenige Quadratmeter zum Saal. Durch drei von der Decke bis auf den Boden reichende Fenster fiel das sanfte Licht des frühen Abends. Die Wände waren mit Stofftapeten in Gold- und Beigetönen tapeziert. Es war heiß. Im Flur hatte ich das vergessen.

Mit dem Rücken zum Fenster saß Schlitzer an einem für zwei Personen gedeckten Tisch. Alle Befürchtungen, die ich auf der Fahrt und im Flur gehabt hatte, zergingen, als ich ihn in der Sonne sitzen sah.

Wen die Sonne so strahlen läßt, der kann nicht böse sein.

Ich trat aus dem Schatten der Tür und grüßte mit dem lockersten Hallo, das mir in der Situation möglich war.

»Hab ich gesagt, du sollst warten! Kannst du nix hören?«

Mein Kopf wurde mir in den Nacken gerissen, mein rechter Arm auf dem Rücken verdreht. Grobe, polnische Hände hielten mich gepackt. Ein feister polnischer Wanst preßte sich an mein Kreuz. Wasser schoß mir in die Augen. Ich stand wie geknebelt.

»So sind die jungen Leute ... und wir zwei, Pavel, werden sie auch nicht mehr ändern.« Schlitzer stieß einen beruhigenden Lockton aus. Der Griff lockerte sich. Mit einer Handbewegung dirigierte er seine Kampfmaschine aus dem Zimmer. Erst nachdem ich Pavel nicht mehr riechen konnte, bewegte ich vorsichtig meine Glieder. Im Nacken knackte es. Ich hatte noch immer ein Zittern in den Knien.

»Unser junger Freund.« Schlitzer setzte das Glas ab, das er gerade zum Mund hatte führen wollen, strahlte mich an.

Ich rieb mir das Handgelenk, an meinen Hinterkopf traute ich mich nicht zu fassen.

»Du hast ihn gekränkt«, sagte Schlitzer. »Pavel glaubt, daß du ihn nicht ernst nimmst, weißt du. Er gehört zur Familie ...« Wie er an seinem Tisch saß, ein blaues Tuch um den Hals, über dem weißen Hemd eine lindgrüne Weste und einen Smaragd am Finger, war er eine Gestalt des Spätsommers, ein Häuptling der buckligen Gnomen. »Aber ich hoffe, du bist nicht zu Schaden gekommen.« Mit einer Handbewegung lud er mich ein, neben ihm Platz zu nehmen.

Ich war froh, sitzen zu können.

Kaum hatte ich Platz genommen, erschien ein pockennarbiger Tamile, räumte das benutzte zweite Gedeck ab und servierte Garnelen in Champagnersauce. »Stört dich Fernsehen beim Essen?« Schlitzer hielt die Fernbedienung in den Händen.

Was ich für einen Schrank gehalten hatte, war ein Großbildfernseher. Es lief eine Sendung über das Geiseldrama.

Ich hatte nichts dagegen.

Bei Bildern vom Tatort und eisgekühltem Weißwein erholte ich mich langsam von dem Anschlag.

Der Moderator war der Moderator und die beiden Teams, die um den großen Preis kämpften, traten gerade zur letzten Runde an.

In einem Supermarkt kauften die Gangster im Sonderangebot zwei Flaschen Korn, bezahlten ordentlich und wurden dann von einer vermummten Spezialeinheit der Polizei auf der Autobahn gerammt und gestürmt.

Die Aktion dauerte wenige Sekunden. Das Team der Polizei hatte gewonnen. Zwei Geiselnehmer lagen gefesselt am Boden, Polizisten fuchtelten aufgeregt mit Maschinenpistolen und hielten V-Finger in die Kamera. Niemand kam gratulieren. Auf das Mädchen wollte keiner geschossen haben.

Blond, jung und mit einem Loch in der Brust lag es vor den Objektiven der Kameras. In ein paar Jahren wäre es eine sehr schöne Frau gewesen, das sah man schon.

Wenn plötzlich Leichen auf einer Straße liegen, dann ist das gar nicht mehr Deutschland – der Moderator befragte den Ted und 63 Prozent der Anrufer waren dagegen.

Ich zerlegte die rosa Garnelenschwänze und starrte gebannt auf den Bildschirm.

»So schnell kann das gehen«, sagte Schlitzer träumerisch und prostete mir zu, »und dann marschieren dir die Würmer durch den Arsch, schon ist der Spaß vorbei... Schade übrigens, daß du und der Cowboy die Runde gestern so schnell verlassen habt, wir hatten noch jede Menge Spaß... die Blonde, die der Cowboy da ins Rennen geschickt hatte, war eine Granate, eine Königin... kein Wunder, daß ich gewonnen habe... ich gewinne meistens...« Schlitzer kniff ein Auge zu »... ich spiele mit gezinkten Karten. Den Trick solltest du dir merken.« Er klopfte mir mit dem Messergriff an die Brust. Ich kaute auf einer Garnele, die im Mund nicht kleiner wurde; das lag an der Frau mit dem Loch in der Brust ... und dann marschieren dir die Würmer durch den Arsch. Das war so locker dahingesagt.

Eben war es passiert, und alle waren noch mal davongekommen. Bis auf eine. Bald würde es draußen wieder dunkel sein und dann ging alles von vorn los... Schlitzer hatte Claudia eine Königin genannt, Key donnerte mit einem roten TransAm durch die Gegend, den er Latex-Mama nannte und mein Elend von gestern abend war schon Nostalgie. Nur ein Rest Neugier war noch übrig.

»Die Kleine, die Key ins Rennen geschickt hat – wie soll ich denn das verstehen?« fragte ich.

Schlitzer schaute mich erstaunt an. »Na so, wie ich es gesagt habe... er hat sie organisiert, weil wir Jo mal ein bißchen ärgern wollten. Er prahlt zuviel damit, wie großartig die Mädchen wären, die er für sich laufen hat...«

»Für sich laufen hat?«

»Dieser blonde Teufel schafft für den Cowboy an, soviel ich weiß. Ich mische mich nicht in anderer Leute Privatangelegenheiten oder Geschäfte, das macht man nicht ... habe ich eben was gesagt, was du noch nicht wußtest?«

Ich dachte an Keys Gerede über Claudia, wie lange er sie kannte, an sein Geprahle mit der Diskette, an diesen Anflug von Wahnsinn in seiner Stimme und was er über Schlitzer gesagt hatte. Nur eine Knalltüte wie ich springt auf so was an. Er war nichts weiter als ein prä-post-age-modern verpackter Zuhälter und Dealer. Vielleicht mehr durchgeknallt als andere. Das war's schon.

»Es ist so«, sagte Schlitzer, »dein Freund Key ist kein schlechter Kerl, er hält sich nur für einen Oberschlauen. Er ist kein dummer. Aber sooo schlau ist er auch nicht. Denn so große Taschen, in die man alle stecken kann, solche großen Taschen gibt es nicht.«

Ich war mir nicht mehr sicher, ob Schlitzer Key meinen Freund nennen sollte. Ich wollte ihm nicht widersprechen.

Während er sprach, war Schlitzers Frau aus der zweiten Tür getreten und hatte sich hinter ihn gestellt. Wieder trug sie grau, nur diesmal ein Kostüm, klassisch auf Figur.

Ihre linke Hand lag leicht auf seiner Schulter, als sie mir zum Gruß zunickte. »Schmecken die Scampis?«

Ich hatte gerade den Mund voll und etwas Soße tropfte mir aufs Kinn, als ich ein »Ausgezeichnet« nuschelte.

»Wir essen schon lange kein Fleisch mehr, nur noch Salzwassergetier aus dem Pazifik – wegen der ganzen Verseuchung. Haben Sie den gestrigen Abend gut überstanden?«

»Doch, doch«, sagte ich, »soweit ich das überblicken kann.« Den Aufenthalt an diesem Tisch rechnete ich zu den Spätfolgen. Ich sagte ihr, daß ich den ganzen Tag im Institut gearbeitet hätte.

»Was ist das für eine Arbeit?« wollte sie wissen.

»Marktforschung«, sagte ich.

Wir sprachen über das Geiseldrama. Schlitzer, der das Geschehen auf der Bildröhre verfolgt hatte, war dafür, die Täter sofort öffentlich zu erschießen.

Seine Frau war noch viel zu verwirrt, fand den ganzen Vorfall aber sehr spannend. »Was muß das für ein Gefühl sein, so im Mittelpunkt... Alle Gesetze außer Kraft, Herr über Leben und Tod... Eine Zeit außerhalb der Zeit? Sag es mir, Arthur, du mußt das doch wissen...«

Schlitzer lächelte. »Alle Gesetze außer Kraft, Zeit außerhalb der Zeit ... ein gutes Gefühl, denke ich.« Seine Hand drückte die der Frau.

Ich schaute auf die verschlungenen Hände. »Entschuldigung«, sagte ich, »ist es vielleicht möglich, hier irgendwo zu telefonieren?« Ich hatte vergessen, mir die Adresse von Andreas' Wohnung geben zu lassen. Keine Adresse, keine Angelique.

Die Frau bat mich, ihr zu folgen.

Sie führte mich in das Nachbarzimmer, aus dem sie gekommen war. Sie hatte herrlich gewachsene Beine. Ihr nachgehend, hatte ich Zeit, sie ausgiebig zu betrachten. Meine Bewunderung nahm sie mit einem Nicken entgegen. Sie schloß die Tür hinter mir.

Das Telefon stand auf einem hellen Art-Deco-Sekretär. Von der Lietzenburger klang das leise Gemurmel des Verkehrs herauf, mehr begleitend als störend. Das Zimmer war nicht viel kleiner als das Speisezimmer und genauso sparsam möbliert. Da Schlitzers barocke Erscheinung einen anderen Stil ahnen ließ, mußte es ihre Handschrift sein.

Ich streckte die Hand nach dem Klimt aus, auf dem ein Rest Sonne lag. Ich zog die Finger wieder zurück. Die Dinge in diesem Raum gehörten auf eine so klare Art der Frau, daß einen das Verlangen packte, sie zu berühren.

Im Nachbarzimmer fiel etwas zu Boden. Ich griff zum Telefon, statt in die Schubfächer des Sekretärs, wählte und hatte sofort Birke am Apparat.

»Na, hat dich dein fieser Onkel schon zur Schnecke gemacht, oder ist noch alles dran? Stell dir vor, man hat sich hier schon Sorgen gemacht...«

Ich war nicht in Stimmung, auf ihre Scherze einzugehen, und bat sie, mir die Adresse für die Party zu geben.

»Wirst du lange und hingebungsvoll mit mir tanzen?«

»Ich bin ein ziemlicher Trampel«, warnte ich, »habe schon manchen Damenfuß plattgetreten und immer Lust dabei gespürt.«

Birke gab mir die Adresse und erklärte, daß es ihr mit dem Tanzen gar nicht so ernst sei.

Der Tisch war abgeräumt, niemand im Zimmer.

Ich zog mein Jackett aus und warf es neben den Stuhl. Die Hausfrau war gerade in die Küche gegangen, um ein paar Häppchen zuzubereiten, der Hausherr wählt noch schnell die letzten Dias aus. Der Gast ist für ein paar Minuten auf sich allein gestellt und kratzt sich endlich genüßlich am Sack, wie er das schon seit einer Stunde tun wollte. Er denkt dabei an die Gastgeberin.

Ich hatte gerade die Hand in der Tasche, als Schlitzer hereinkam. Er war in Begleitung eines schlanken, sehr aufrecht gehenden Mannes. Er hatte ein hageres, verschlossenes Adlergesicht und weißgescheiteltes Haar. Seine blauen Augen waren poliertes Eis. Obwohl nichts Furchtbares an ihm war, erinnerte er an den KZ-Arzt aus dem Dustin-Hofmann-Film »Der Marathon-Mann«, er war auch im gleichen Alter – sah aus wie sechzig, war bestimmt siebzig.

Die blauen Augen hefteten sich auf mich.

Ich versuchte meine Meinung hinter einem freundlichen Nicken zu verbergen. Als Zivilist hat man viel weniger Möglichkeiten.

Die blauen Augen blieben kleben und musterten mich

von oben nach unten. Ich wußte selbst, was ich von mir zu halten hatte. Ich war übermüdet und aufgedreht, meine Augen brannten und meine Wangen waren stoppelig. Ich hätte gern eine Dusche gehabt. Daß ich mein Jackett immer auf den Boden fallen lasse, ist eine Unsitte, die mich selbst stört. Da ich aber augenblicklich um niemandes Tochter anhalten wollte, war mir das ziemlich egal.

Schlitzer beendete das Blickgefecht, indem er uns vorstellte.

Der KZ-Arzt hieß Kroll und war der Mann für Finanzen.

Ich wurde als Journalist vorgestellt, als ein Mann mit weitgefächerten Interessen.

Kroll brachte tatsächlich eine Art Verbeugung zustande, bevor er auf seinem Stuhl Platz nahm und die Hosen über den Knien hochriß. Seine Aktentasche lehnte er säuberlich an das Tischbein.

Ich war kein Journalist, hatte mich nie selbst so bezeichnet und brauchte mir keine Vorwürfe zu machen.

»Eisenkolb ist eine Empfehlung des Cowboys«, erklärte Schlitzer Kroll, »ich weiß, was du davon hältst, aber das ist hier keine persönliche Sache...«

Kroll nickte. »Damit keine Mißverständnisse aufkommen – ich bin durchaus der Meinung, daß der Cowboy über einige Talente verfügt. Ich halte aus Überzeugung nichts von Talenten – sie machen leichtfertig. Vielleicht ist es gut, wenn Sie das auch wissen...«

»Ich werd's mir merken«, sagte ich.

Auf »merken« trat der Tamile mit einem Tablett voll Cognac und Gläsern ein. Er stellte es einfach auf den Tisch und verschwand ohne einen einzigen unnötigen Laut.

Kroll nickte. Er war nicht nur für die Finanzen von Schlitzers Firma zuständig, er war auch für sie verantwortlich.

Den Namen der Firma kannte ich nicht, und ich wußte auch nicht, was sie trieb. Im Zweifelsfall immer Import/Export, hatte Schlitzer letzte Nacht gesagt.

Krolls Gesicht war gespannt, als er Schlitzer einige Papiere aus seiner schwarzen Ledertasche zu lesen gab.

»Du kannst ruhig zuhören«, sagte Schlitzer, »du mußt schließlich wissen, worum es geht.«

Wenn ich die leise und mit gesenkten Köpfen geführte Unterhaltung richtig verstand, dann liefen die aktuellen Geschäfte gut, die Situation im Ganzen war aber nicht erfreulich. Hatten in vergangenen Geschäftstagen Außenstände zum guten Ton gehört, so wurden sie jetzt zu teuer. Eine größere Transaktion stand an.

»Gar keine Frage«, bestätigte Schlitzer, »das Geld muß so zügig wie möglich eingetrieben werden, sonst ist die Liquidität im Eimer.«

»Bei den momentanen Kursen Grundstücke zu verkaufen wäre glatter Humbug. Der Markt muß sich erst wieder beruhigen.«

Schlitzer nickte.

Ich schaffte es, dem Gespräch eine Weile zu folgen. Als es nur noch um Aktiva, Haben, Buchhaltung und absetzbare Beträge ging, wandte ich mich verstärkt dem Cognac zu.

Wenn meine Zeit auch nicht Geld war, so wären mir doch auf Anhieb eine Handvoll Möglichkeiten eingefallen, die Stunden bis zur Party angenehmer zu verbringen. Duschen war nur eine Möglichkeit. Eine andere war ein Bett und eine Symphonie von Mozart.

»Wir sind Mittelstand«, erklärte Schlitzer. »Ich kann mir keinen Personalchef leisten... bräuchten wir aber, wenn wir jedem, von dem wir noch Geld bekommen, einen Mann auf den Hals hetzen. Außerdem werden gute Leute immer teurer, und Italiener will ich nicht, die werden zu schnell unverschämt und machen eigene Politik mit Mama und La familia... und Polen kann Pavel nicht ausstehen, du kennst ja die Geschichte. Ist doch an der Zeit, mal andere Wege zu gehen ... ist es zuviel verlangt, wenn ich dich bitte, dich mehr dem Gespräch als dem Cognac zu widmen?«

Ich ließ mich nicht provozieren.

Ich sagte, daß ich die ganze Zeit Ohr gewesen sei, aber keine Stelle gefunden hätte, an der ich hätte einsetzen können.

»Jetzt kannst du«, sagte Schlitzer, »denn du wirst die Briefe, Mailings im Neudeutschen, schreiben, mit denen ich meine Herren Schuldner bitte, mir gütigerweise mein Eigentum zukommen zu lassen, oder sie laufen mit dem Hinterkopf wiederholt gegen die scharfen Kanten der Briefkästen.«

Noch ehe ich auf diese Job-Beschreibung reagieren konnte, fuhr Kroll dazwischen. »Ich bin wohl nicht gefragt worden«, sagte er, »aber ich glaube, meine Meinung auch ungefragt sagen zu dürfen. Wir zwei sind lange genug im Geschäft, um zu wissen, wie die Dinge laufen. Von deiner Idee, Alfred, halte ich gar nichts, und das nicht nur, weil sie mir zu sehr nach diesem Möchtegerncowboy klingt. Sie ist einfach absurd. Wenn es noch eine Branche gibt, in der Handarbeit zählt, dann ist es unsere. Häng jemand, der zu dieser Bande gehört, an der Nase ans Europacenter und laß ihn auf den Boden bluten – der Rest weiß sofort, wie der Hase läuft!«

Schlitzer tätschelte Krolls Schulter: »Dafür bleibt immer noch Zeit... und um den Cowboy mach dir keine Sorgen, das mach ich schon. Die Briefe werden vielleicht etwas anderes enthalten als Bitten. Sie müssen anders sein, ich habe so ein Gefühl...« Er rieb Daumen und Zeigefinger aneinander, roch daran und schaute dann zu mir.

Ich zuckte mit den Schultern.

»Gestern hast du mir besser gefallen«, sagte Schlitzer. »Ich mag Leute nicht, die sich zu schnell ändern. Hast du verstanden, worum es geht, oder möchtest du es noch mal für Anfänger?« Er holte aus einem Schubfach unter dem Tisch ein Kästchen Zigarren hervor und zündete sich eine an.

Es waren Davidoff.

Wenn schon Geschäfte, dann richtig.

Ich sagte, daß ich verstanden zu haben glaubte, und versuchte es mit zwei Worten zusammenzufassen: »Drohung, Erpressung.« Dazu paffte ich eine Qualmwolke, die nicht von schlechten Eltern war.

»Ja und nein«, sagte Schlitzer und bat Kroll, das Problem noch mal unter Weglassung aller Emotion zu erläutern.

Kroll ließ das Wort Erpressung nicht zu. Erpressung hätte bedeutet, daß man androht, einen Dritten von einem Vorgang, Ereignis oder sonstigem Insider-Wissen in Kenntnis zu setzen, von dem nur der Erpresser und der zu Erpressende wissen. Das war nur in wenigen Fällen möglich. Fast überall war die fordernde Seite in der Form involviert, daß es kein Interesse geben konnte, Dritte davon in Kenntnis zu setzen. Außerdem würde das eine Position der Schwäche offenbaren, die bei dem momentan herrschenden Moralverfall dem Geschäft noch weiter abträglich wäre. Außerdem müsse klar sein, wer sein Recht fordere. Was es dazwischen noch an Möglichkeiten gäbe – das herauszufinden sei meine Aufgabe.

»Betrachte es schlicht als eine Form des Mahnwesens.« Schlitzer reichte mir neues Feuer für meine erloschene Zigarre. »Das Mahnwesen ist das Herzstück eines jeden modernen Unternehmens im Dienstleistungsbereich. Es hat sich da eine furchtbare Zahlungsmoral eingeschlichen, so mußt du das sehen: Worauf soll man sich noch verlassen können, wenn kleine Tunichtgute und schlimme Finger, die ständig am Spieltisch hocken, auf zu großem Fuß leben oder die falsche Frau geheiratet haben, einfach nicht bezahlen und damit jedes Wertgefühl verlieren. Sieh es als moralische Aufgabe an, schreib ihnen ins Gewissen, bring sie zurück!«

Das war es also, und bestimmt nicht beschönigt: Meine große Möglichkeit, Geld zu verdienen. Wenn man als Naive vom Lande einen Job in einem Privatclub annimmt, kann man auch nicht damit rechnen, ungefickt nach Hause zu gehen. Nichts Unanständiges, und vor allem nichts, was andere nicht auch tun.

»Klar«, sagte ich und stand auf, »ich werde es versuchen, wenn ich auch noch nicht genau weiß, wie. Sobald ich eine Lösung habe, werde ich mich melden. Vorher brauche ich auf alle Fälle eine Dusche, weil ich noch eine Verabredung habe, die mir wichtig ist; wieviel Zeit habe ich?«

Schlitzer schaute nachdenklich auf den grauen Aschekegel an seiner Zigarre und dann wieder auf mich. »Sag du es ihm.«

»Du hast so viel Zeit, wie du brauchst«, sagte Kroll.

»Das ist ein Wort.«

Ich bückte mich nach meinem Jackett und streckte Schlitzer die Hand hin.

Schlitzer grinste Kroll an und dann mich: »Du hast so viel Zeit, wie du brauchst – du wirst es hier machen. Du weißt nicht, um wieviel Geld es geht. Ich sage es dir. Es geht um sehr viel Geld. Bei sehr viel Geld hört die Unverbindlichkeit auf.«

Er stand auf und nahm mich beim Arm.

Das war zuviel des Guten.

Interessiert schaute Schlitzer auf meine geballten Fäuste.

»Ja, ja, auch ich war mal jung und wild«, sagte er.

Das klang wie ein Zitat.

Die Schreibmaschine war eine Splendid 66, ein Klassiker.

Vor Jahren besaß ich genau so eine. Sie ging mir in Tübingen verloren. Ich hatte sie einem Freund geliehen. Als ich sie zurückholen wollte, war von ihm nur ein Grabstein übrig. Er hatte sich mit seiner Kawasaki das Hirn aus dem Schädel gefahren.

In seinem ehemaligen Zimmer hatten seine Eltern einen Altar errichtet. Auf dem Tischchen stand ein eingerahmtes Bild, frische Blumen und die Splendid. Das Foto hatten wir mal aufgenommen, nachdem wir völlig stoned in den Pool der Eltern einer Bekannten eingebrochen waren. Seine Mutter liebte das Bild – er sah so glücklich darauf aus.

Ich trank ein paar Schnäpse mit dem Vater, erklärte seiner Mutter, daß ich mir selbst nichts Schöneres als einen Abgang mit der Kawasaki an einem Brückenpfeiler vorstellen könnte, und erfand schnell einen anderen Freund, der vor wenigen Wochen nach gräßlichen Leiden an Bauchspeicheldrüsenkrebs gestorben sei. Wir fanden alle drei, daß Ralf richtig Glück gehabt hätte. Ich trank noch einen mit dem Vater und machte mich aus dem Staub.

Die Splendid ließ ich stehen.

Die Hände an die Fensterscheiben gepreßt, stand ich in dem Zimmer, in dem ich telefoniert hatte, und starrte in den Berliner Abendhimmel. Meine Gedanken waren wirr, asthmatisch, kosmisch-korrupt, schwankten zwischen hier und sofort aus dem Fenster springen, gegen die rote Sonne pissen, es Schlitzers Frau auf dem Teppich besorgen oder den alten Knaben nebenan eins über die Mütze hauen. Verdient hatten sie es allemal.

Ich dachte an Oppenheimer, obwohl das ziemlich vermessen war, und dann an Georg. Was der sagen würde.

Ich hatte nur eine kleine, schmutzige Hilfsarbeit zu tun.

Es klang nicht gut.

Ich ging zum Schreibtisch zurück und fing an, wahllos in die Tasten zu hämmern.

»Wenn Sie schon den ganzen Tag gearbeitet haben, wird Ihnen eine kleine Erfrischung gut tun.« Schlitzers Frau stand in der Tür.

Ich hatte sie nicht klopfen hören.

Es war ihre Wohnung.

Schnell bedeckte ich meine beschriebenen Seiten mit

einem leeren Blatt. Ich kann es nicht ertragen, wenn mir jemand auf die Arbeit sieht. Beim Sender brachte mir das den Ruf ein, Künstler zu sein. Das ist bei einem Sender kein Kompliment. Im Leben auch nicht. Rausgeflogen bin ich aus anderen Gründen.

Der Anhänger von Hunter S. Thompson war zu einem Privatsender gegangen, wo er unter deutschen Betten richtig die Sau rausließ. Eine Programmreform wurde angekündigt. Ich ging, weil ich keinen Mut mehr hatte.

Das persische Gesicht der Frau verströmte Gelassenheit. Sie stellte das Tablett ab, ohne einen der Bögen zu berühren.

Sie war eine außergewöhnliche Frau. Sie siezte mich.

Vor wenigen Minuten hatte ich sie in diesem Zimmer noch hart und wild gefickt. Jetzt kam mir kein Satz von den Lippen.

Das schien sie nicht zu stören. Mit leicht in die Hüfte geschobenem Rock ging sie auf der anderen Seite des Schreibtisches in die Hocke. Ihre langen, schmalen Finger öffneten die bemalte Porzellandose. Ihre Bewegungen erinnerten an eine Tänzerin, die sich vor ihrem Auftritt schminkt. Ihre Hände hatten die Farbe des Pulvers, ihre Nägel waren dunkelrot. Ein Ring, der alle Wünsche erfüllen konnte, steckte an ihrer linken Hand, und hinter ihr versank rot die Sonne.

Die grauen Augen auf der anderen Seite des Schreibtisches wußten alles. Einen anderen Grund für dieses Einverständnis konnte es nicht geben.

»Entschuldigung«, sagte ihre ferne Stimme, »das war sehr unhöflich von mir. Aber es gibt ein paar Dinge, da denke ich immer zuerst an mich.«

Sie schob das Tablett zu mir.

Ich nahm das kleine, schwere Röhrchen aus ihrer Hand und sog mir das unendliche Weiß ins Gehirn.

Wieder war es dieser Schauer zwischen Erschrecken und Wollust, der mir über den Rücken rann. Der Schauer verlor sich, und ich fühlte einen Moment wunderbar frisches Nichts. Aus diesem Nichts erhob sich die Frau.

Ich blieb auf dem Boden knien, sah die blauen Adern auf meinen Händen und den Schmutz, der in den Falten saß. Ich mochte sie trotzdem.

Sie und ich zuckten zusammen.

Im Nebenraum wurde eine Tür geworfen. Ein lautes Wortgefecht folgte.

Obwohl ich die Worte nicht verstand, erkannte ich ihre Bedeutung.

Die Stimme, die entschied, gehörte Schlitzer.

Die andere war Keys Stimme.

»Sie streiten sich, sie streiten sich ständig und sind so laut dabei...« sagte sie. »Es kommen so viele Leute, die ich nicht kenne. Und viele, die ich nicht kennen möchte... man kennt schon zu viele... Leute, ein unangenehmes Wort. Leute machen Dreck, haben keine Manieren, und man kann sich nicht mit ihnen unterhalten... unterhalten Sie sich gut?«

Sie hatte zwei Cognac eingegossen und reichte mir ein Glas.

Ich nickte stumm. Ich hatte ein großes, weißes Licht im Kopf, und meine Gedanken konnten Stahl verbiegen. Es fiel mir schwer, mich zu konzentrieren.

»Ich amüsiere mich selten«, sagte sie, »ich bin oft ohne jede Lust und kann nicht verstehen, daß manche Menschen, solche wie er zum Beispiel«, sie deutete mit einer Kopfbewegung nach nebenan, »ständig etwas unternehmen müssen, es ist so langweilig... ich rede wieder nur von mir. Kommen Sie voran?«

Ich zuckte mit den Schultern und murmelte Unverständliches.

»Ich habe Dichter immer bewundert... mich fasziniert die Möglichkeit, Worten einen neuen Sinn zu geben. Ich liebe es, einen vertrauten Satz auf eine völlig neue Weise zu lesen... das verwirrt mich...«

Schlank und grau stand sie im Licht der Fenster. Als hätte sie die letzten Worte nur zu sich gesprochen, drehte sie sich wieder zu mir: »Ich liebe es, verwirrt zu werden. Berlin verwirrt nicht mehr... manchmal schockiert es noch, aber meist aus der Fülle schlechten Geschmacks... keine Visionen, nichts prickelt mehr, nur noch Billigkaufhäuser... man kann nicht mehr ausgehen in dieser Stadt... Gefällt Ihnen der Schreibtisch?«

»Ja«, sagte ich, »er ist wunderschön.«

Die Frau strich mit zwei Fingern über das helle Holz. »Das ist alles, was von meinem Vater geblieben ist.«

Ich sagte ihr, daß es mir leid täte.

»Majdanek«, sagte sie, »aber so genau weiß man das nicht, weil viele Unterlagen in den Wirren der letzten Tage verloren gingen ... aber ich bin euch nicht mehr böse.« Mit einem Finger auf den Lippen ging sie hinaus.

Ich liebe es, verwirrt zu werden; in Majdanek ... aber ich bin euch nicht mehr böse. Wieso euch, und was sollte das?

Wer macht den Rest?

Während die Stimmen nebenan verstummt waren, weiter weg noch einmal eine Tür geworfen wurde, zog ich mir die Schreibmaschine heran und spannte ein neues Blatt ein.

Irritation!

Wenn es mir gelingen würde, die Empfänger der Briefe mit einer Wirklichkeit zu konfrontieren, auf die sie nicht vorbereitet waren, dann könnte ich sie vielleicht packen. Natürlich rechnet jemand, der verschuldet ist, damit, daß man Geld fordern oder ihm im Falle dunkler Geschäfte drohen wird. Er wird vorbereitet sein oder einfach abgebrüht. Wenn ich den Empfänger aber verwirren könnte, dann würde er reagieren, weil jeder Angst vor dem hat, was er nicht kennt.

So einfach ist das.

Als ich die Schreibmaschine zurückschob und den letzten Schluck Cognac trank, war ich ziemlich besoffen und hatte drei unterschiedliche Ausführungen der einen Grundidee.

Ich hatte einmal eine Untersuchung darüber gelesen, wie lang ein Geschäftsbrief sein darf, um noch gelesen zu werden. Eine halbe Seite war das statistische Mittelmaß. Keiner meiner Texte war länger als eine halbe Seite. Statistik eben, aber wenn man es zufällig trifft, fühlt man sich doch bestätigt.

Ich zerriß die ersten Versuche zu kleinen Schnipseln, gab der Schreibmaschine einen Klaps und fand es an der Zeit, die Sache zu Ende zu bringen.

Schlitzer saß mit aufgestützten Ellenbogen am Tisch und glotzte ins TV. Sein blaues Tuch lag auf dem Boden. Trotz der geöffneten Hemdknöpfe wirkte er nicht entspannt. Im Gegenteil. Seine Haare waren zerzaust und er konzentrierte sich grimmig auf den Dialog einer amerikanischen Fernsehserie: »Oh, ja. Oh, nein. Das hast du getan? Ich konnte nicht anders.«

Er war kein Dandy mehr. Er war ein alter Mann, der eine Baufirma betrieb und sich gerade bei dem Versuch, es den Jungen noch mal vorzumachen, verhoben hatte.

Mit geradem Rücken und noch immer völlig korrekt gekleidet, arbeitete Kroll sich durch einen Stapel Papier. Seine Linke lag fest um ein Schnapsglas. Sein weißes Haar wirkte wie an den Kopf geklebt. Die Cognacflasche vor ihm war leer.

Schlitzer wedelte ungeduldig mit der Hand, als ich ihm die drei beschriebenen Seiten vor die Nase hielt: »Mach schon … lies vor. Ich habe jetzt nicht die Nerven …« Er griff zur Flasche, schüttelte sie und fuhr dann Kroll an: »Wenn du so weitersäufst, wird hier bald nur noch gegen Rechnung ausgeschenkt.«

Kroll zog die Mundwinkel zu einem leichten Anflug von Verachtung nach unten, sagte aber nichts. Er schraubte seinen Füller zu bedächtig zu, um noch nüchtern zu sein. »Wenn Sie jetzt bitte Ihre Vorschläge unterbreiten würden.«

»Na, dann wollen wir mal«, sagte ich, schluckte den Frosch hinunter, der mir im Hals saß, und fing an.

Alle drei Briefe begannen mit einem »Guten Tag« und drückten erst mal das Bedauern darüber aus, daß man schon lange nichts mehr vom Adressaten gehört habe. Dann kam es zur eigentlichen Geschichte, die der Briefschreibende dem Empfänger mitteilen wollte.

Die erste Geschichte handelte davon, daß ein Bekannter des Schreibers an einem Samstag der letzte Kunde eines bekannten Berliner Antiquitätenkaufhauses ist. Als er den Fahrstuhl besteigt, um nach unten zu fahren, bleibt der Förderkorb stecken. Alle Mitarbeiter sind in Gedanken schon auf Gartenpartys oder liegen an den Stränden von Havel und Spree. Durch eine Unkorrektheit ist die gesamte Überwachungsanlage abgeschaltet. Keiner hat auf den letzten Besucher geachtet, niemand bemerkt das Unglück. Die Einbruchssicherung wird aktiviert, das Kaufhaus abgeschlossen. Der Bekannte verbringt achtundvierzig Stunden in der zweieinhalb Quadratmeter großen Fahrstuhlkabine. Einziger Trost ist ein noch nicht bezahlter Spazierstock, einen Hasenkopf als Knauf.

Durch die Ausbruchsversuche des Eingeschlossenen verkantet sich die Fahrstuhlkabine derart, daß der Fahrstuhl auch von außen nicht mehr zu bewegen ist. Montag Mittag wird er endlich von der Feuerwehr mit Hilfe eines Schweißbrenners aus seinem Gefängnis befreit.

Eine ambulante Untersuchung läßt außer Erschöpfung keine Schäden erkennen. Kaum zu Hause angekommen, dreht der Bekannte durch; weder seine Familie noch seine Freundin haben sein Ausbleiben bemerkt.

Der Brief schließt mit dem Gedanken, daß es für den

einzelnen doch sehr tragisch sein müsse, wenn er eines Tages plötzlich verschwinde und von niemandem vermißt, also auch nicht gesucht werde.

Der Schreiber wünscht, daß es dem Empfänger nie so gehen möge und daß es schön wäre, bald von ihm zu hören.

Die zweite Geschichte funktionierte nach demselben Prinzip, nur daß von einem Amokläufer berichtet wurde, der sich zum Schluß selbst umbringt und von dem nichts zurückbleibt, als ein Gefühl der Lächerlichkeit.

Auf die dritte Geschichte war ich richtig stolz. Sie war kurz und wahr. Ich hatte sie in einer Berliner Zeitung auf der letzten Seite unter »Sonstiges« gelesen.

Einen japanischen Arbeiter fand man auf Säcken verhungert in seiner Wohnung liegen. Die Wohnung war ein Zimmer – Klo und Kochstelle in einem. Die Säcke waren Geldsäcke und enthielten umgerechnet weit über eine Million DM. Der Mann hatte nach Aussagen von Bekannten täglich nicht mehr als einen Kanten alten Brotes gegessen. Fazit: Der Mensch stirbt nicht von Brot allein.

Nach der zweiten Geschichte hatte ich nicht mehr mit Beifall gerechnet. Ein intelligentes Schmunzeln hatte ich für angemessen gehalten. Stattdessen starrte Kroll durch mich hindurch, und Schlitzer rieb sich mit der Hand den Nacken. Ohne selbst etwas zu sagen, richtete er seine Frage an Kroll: »Was hältst du davon?«

Kroll bündelte seine Papiere vorsichtig und lehnte sich zurück. Seine gepflegten Hände lagen wie gesäuberte Werkzeuge auf der Tischplatte. »Ich möchte mit einem Wort von Hebbel beginnen«, sagte er, »obwohl das mit dem Geschreibsel nur sehr indirekt zu tun hat. Das Zitat lautet: ›Wo wir Pflanzen sind, die – wir mögen's uns gern gestehen oder nicht – mit den Wurzeln aus der Erde steigen müssen, um im Äther blühen und Früchte tragen zu können.‹ Was ich sagen will ist folgendes: Jeder hat einen Ort, aus dem er stammt, einen regionalen Ort, eine Stadt, ein Dorf und auch einen geistigen, einen Glauben, eine Weltanschauung, eine Überzeugung. Den regionalen Ort zu verlieren ist kein Drama, wenn an dessen Stelle ein geistiger Ort tritt. Ich habe so einen geistigen Ort, habe ihn nie verlassen, auch wenn er sich in den Jahren verändert hat. Was ich an diesem Ort gefunden habe, ist eine Haltung. Denn nicht das, was man tut, ist von Bedeutung, sondern die Haltung, mit der man es tut, weil es sonst nicht zu ertragen ist. Was mich erschreckt, ist nicht das, was diese armseligen Zeilen und des Cowboys Nachricht in ihrer Konsequenz bedeuten, sondern daß alles ohne jede geistige Haltung, einfach aus einer, wie mir scheint, Spiellaune heraus gemacht wird ... ich habe das Gefühl, daß mein Gehirn das kranke ist, während ich gestern noch sicher gewesen wäre, daß dieser Quatsch mit Soße, den ich eben hören mußte, ohne jede Bedeutung und zu schade ist für das Papier ...«

Schlitzer ließ mich nicht zu Wort kommen. »Marta«, rief er, »Marta, komm bitte mal.«

Nach Krolls Rede wirkte er entspannter, fast belustigt. Er saß ausgestreckt auf seinem Stuhl, die Hände im Nacken verschränkt. Marta – was für ein Name für was für eine Frau!

Marta trat durch die Tür, hob das blaue Tuch auf und legte es ihm über die Schulter. »Was kann ich tun?«

Schlitzer erklärte, daß »der Dichter« etwas vorgetragen habe, wozu er gern ihre Meinung gehört hätte. Der Dichter – wie Schlitzer das sagte, war es ein latentes Schimpfwort, eine ironische Überhöhung, Scheitern allemal.

Recht hatte er. Nur Idioten fallen auf süchtige Romantiker herein. Mauser oder Metaphysik – auf jeden Fall immer große Kaliber. Wieso sprach ich mit diesen Leuten? Was hatte ich mit ihnen zu tun, und wie war ich hierher gekommen? Ich wußte es nicht mehr. Ich wußte nur, daß ich hier nicht hingehörte.

Ich las alle drei Geschichten noch einmal.

Schlitzer war es, der als erster sprach: »Sie werden denken, daß ich den Verstand verloren habe... durchgedreht, endgültig, werden sie denken... Schlitzer ist verrückt geworden, habt ihr es schon gehört... er schickt Briefe mit Geschichten... wer hat denn einen bekommen, na der, und der... sie werden lachen... aber unten wird es ihnen an den Eiern zwicken... da ist einer verrückt geworden... vor Verrückten muß man sich in acht nehmen, das weiß jeder... die wissen nicht, wann der Spaß vorbei ist, schneiden Köpfe ab... hat man alles schon gehört... man muß vorsichtig sein im Dunkeln... wer vorsichtig ist im Dunkeln, hat Angst, wer Angst hat, zahlt. Sie werden zahlen.«

Martas Augen glänzten, ihre Nasenflügel zitterten zur Bestärkung. Das war was anderes.

Kroll war leise und unbemerkt aus dem Zimmer gegangen.

Ich hob mein Jackett auf und hängte es mir über die Schultern.

Das war's.

»Was passiert mit den Briefen?« fragte Marta.

»Nichts«, sagte Schlitzer und stand auf, »manchmal entwickeln sich die Dinge schneller, als man ahnt.«

»Kann ich sie haben?« Sie schaute von Schlitzer zu mir.

Sie lachte, als ich sie ihr gab.

Schlitzer brachte mich zur Tür.

»Wirst du Key noch treffen?«

»Ich weiß nicht. Ich weiß nie, wann ich ihn treffe.«

Er steckte mir Geld zu.

»Vergessen Sie's«, sagte ich, »das hier ist nichts für mich.«

»Quatsch nicht rum. Mach dir einen schönen Abend mit deiner Verabredung. Wir treffen uns morgen. Gleiche Zeit, gleicher Ort. Wir werden uns schon einigen. Den Weg findest du allein, oder soll ich Pavel schicken?«

Ich dachte an den Geruch von Lagerfeld und schüttelte mich: »Kein Problem, ich finde den Weg.«

Ich war schon ein paar Treppen tiefer, als er mir hinterher rief: »Eisenkolb, solltest du den Cowboy doch treffen, bestell ihm von mir, daß mir die Sache stinkt, sie stinkt mir gewaltig!«

Dann war Ruhe.

Mann mit Fahrer

Die Nacht war eine dunkelblaue Rummelbude. Von Osten schwebte die letzte Maschine aus Hamburg ein, an den Fassaden der Bars und Clubs leuchteten rot, gelb und neongrün Konturen von High-Heels und Schenkeln auf, um sofort wieder zu vergehen.

»Ihr habt doch keene Ahnung, keene Ahnung habt ihr, wat ihr versäumt«, sagte der dünne Mann. Er hatte keine Lust mehr, den vorbeiziehenden Gruppen hinterherzuschreien. Er spuckte einen schillernden Klumpen Rotz in den trockenen Straßenstaub und schaute in die entgegengesetzte Richtung.

Eine Gruppe von Männern in beigen Blousons und grauen Schlapphüten kam, sich gegenseitig an den Ärmeln ziehend, die Straße hoch. Ihre Hüte wippten verwegen, die Doppelkinne erzitterten beim Anblick der zur Schau gestellten Ärsche und Brüste.

Einer wagte sich in die Lady Dominant hinein. Lässig mit der Hand abwinkend kam er wieder heraus; nichts, was ein Weltmann woanders nicht schon besser gesehen hätte.

»Und?«

»Die tragen hier den Schlitz quer.«

Schöner, breitgezogener Ruhrpottdialekt.

Es war eine Riesengaudi.

Das Gelächter wurde vom Hupen zweier Reisebusse geschluckt, die sich gegenseitig beim Überholen parkender Autos blockierten.

Der dünne Mann, der zivile Preise und ein Gratisgetränk versprochen hatte, schaute den Männern noch einmal hinterher und machte ein Zeichen zu seinen Kollegen: Arschficker. Er schnippte seine brennende Zigarette auf die Straße und wandte sich neuen Gästen zu.

Vor jedem der mit rotem Samt oder Brokat verhangenen Eingänge standen Männer in schlechtsitzenden Anzügen, Bomber- oder Lederjacken. Sie hielten filterlose Zigaretten so kurz gefaßt, daß sie sich die Finger zu verbrennen schienen, warfen hastig angerauchte Filterzigaretten in hohen Bögen auf den Bürgersteig, wo sie mit einem kleinen Feuerregen verglommen.

Die Hände in den Taschen meines Jacketts vergraben, hetzte ich die Lietzenburger hinunter. Ich wollte die Zeit aufholen, die ich bei Schlitzer verloren hatte. Ich wollte jede Zeit aufholen. Ich wollte nichts mehr versäumen.

Ich wollte Angelique.

Ich überquerte die Fasanenstraße, als mit quietschenden Reifen ein Wagen rückwärts aus der Einbahnstraße herausgeschossen kam. Um ein Haar hätte er mich erwischt.

»Idiot«, schrie ich, »verdammter Hornochse, elender Flachwichser...« Fluchend wollte ich weiter.

Der Wagen blockierte den Übergang. Es war ein roter TransAm.

»Erschrocken?«

Keys Kopf schob sich grinsend aus dem Wagenfenster. Er schien der Überzeugung zu sein, daß ihm ein ganz besonderer Scherz gelungen war.

Ich konnte nicht mitlachen. Ich hatte keine Lust auf Key, ich hatte keine Zeit. Noch hatten wir uns nicht geschworen, immer füreinander da zu sein. Und so, wie es momentan aussah, hatte ich auch wenig Interesse daran. Wenn er Claudia für sich anschaffen ließ, dann war das letztlich eine Sache zwischen den beiden, aber noch lange kein Grund, ihn zu meinem besten Freund zu machen.

Entsprechend grob fuhr ich ihn an.

Key hob beschwichtigend die Hand: »Eisenkolb, wir müssen was besprechen...«

Obwohl er seine Sonnenbrille auf der Nase und im Mundwinkel eine Zigarette wie einen Eiszapfen trug, wirkte er nicht lässig. Eher besorgt.

»Tut mir leid«, ich schüttelte den Kopf, »hab keine Zeit, muß weiter...«

Key schlug mit der flachen Hand ans Türblech: »Eisenkolb, was soll das! Ich gebe zu, die Aktion eben war vielleicht nicht ganz so komisch, aber jetzt steig ein, es ist wichtig.«

Da war er wieder, der Befehlston. Auf den konnte ich heute ganz besonders... Außerdem – ich war es nicht, der sich hier wichtig machte. Davon, daß jeder meinte, er könne sich einfach ein Stück meiner Zeit abschneiden, wie es ihm paßte, ganz zu schweigen. »Weißt du, was du mich mal kannst?« fragte ich, »du kannst mich mal...«

»Und wenn ich es tu? Und wenn ich dich danach extra noch dorthin fahre, wohin du so schnell willst, hätte der Herr dann ein paar Minuten für mich?«

Da war was in Keys Stimme, was ich so noch nicht gehört hatte.

Ich ging um den Wagen herum und ließ mich neben ihn in die schwarzen Polster gleiten. »Ich dachte, ich komm einfach mal so vorbei...«

Natürlich sagte Key nicht danke. »Ich kenne eine kleine Bar«, sagte er, »nur ein paar Minuten von hier, da fahren wir jetzt hin.«

Mir war das Jacke wie Hose. Hauptsache, es würde nicht zu lange dauern. Key sah mich auf die Uhr im Cockpit schauen und nahm den Fuß vom Gas.

Ich hob die Hände: »Alle Zeit der Welt für dich, mein Freund.«

Die Bar war ein kleiner, farbloser Schlauch, ein Loch.

Wir waren die ersten Gäste, die an diesem Abend auf den blankgewetzten Klingelknopf drückten, um eingelassen zu werden.

Hinter der Bar stand eine knorrige Frau mit geneigtem Kopf und einem Buch in der Hand. Sie war vielleicht vierzig, konnte aber auch jünger sein. Ihr Haar war grau im Licht der Deckenspots, ihre Haut hatte die Farbe von Fensterglas in einem Rauchercoupé. Sie war nachlässig, aber mit Geschmack gekleidet. Es war ihr Zuhause. Sie musterte mich.

Key und sie begrüßten einander mit einem Kuß.

»Die Lady arbeitet?« fragte die Frau.

»Sie würde dich grüßen lassen, wenn sie wüßte, daß ich hier bin.« Key stellte uns einander vor. »Regine – mein Freund Eisenkolb.«

Die knochige Frau nickte. »Das Übliche?« fragte sie.

Sie wartete keine Antwort ab.

Wenn man an der Theke stand, konnte man nicht mehr umfallen. Die Wände waren Ocker gestrichen, der Ölsockel an einigen Stellen abgeblättert – einsame Säufer hatten die Namen ihrer Träume oder die Summen der Zeche in die Farbe gekratzt.

Die Decke war mit gelbem Wellplastik verkleidet, wie es in den Siebzigern als Baumaterial und für Dächer auf öffentlichen Gebäuden und Imbißständen verwendet worden war.

Regine nahm ihr Buch wieder auf, nachdem sie uns zwei Myers-Bitterlemon auf den Tresen gestellt hatte.

»Für dich auch eine Nase?« fragte Key über den Tresen, während er die Utensilien für einen Sniff zurechtlegte.

»Laß mal«, sagte Regine. Sie stand wieder auf und ging zur Tür, um sich zu vergewissern, ob die auch richtig geschlossen war. »In der letzten Zeit sind hier Typen aufgetaucht, die niemand kennt. Haben nach Leuten gefragt, die es schon lange nicht mehr gibt«, Regine sprach langsam, fast schleppend, »ich will nicht, daß was passiert.« Sie ging zu ihrem Buch zurück.

»Was passieren muß, wird passieren.« Key strich zwei Straßen aus, dick wie Schlagadern.

»Siebziger-Jahre-Scheiß«, sagte ich und überlegte, wie die in die Nase passen würden.

Es ging.

»Bist du schon mal abgestürzt?«

»Erstens – meinst du das philosophisch, und zweitens, ist es das, was du mich fragen wolltest?«

»Ich bin mal mit einem geflogen, einem Junkie, der davon träumte, einen Stuka zu fliegen. Das war in den Staaten. Ich sag dir, das ist ein ziemlich starker Trip, wenn die Erde auf dich zurast. Hat gar nichts mit Angst zu tun. Du warst heute bei Schlitzer?«

Key klopfte mir eine Spur Weiß vom Revers. Es war angenehm kühl in der Bar. Die Frage sollte beiläufig klingen.

»Nein, ich war auf der Lietzenburger spazieren, und dabei bin ich zufällig gegen ein Auto gestolpert...«

»Schon gut. Ich weiß, daß du ein Auskenner bist. Schlitzer rief mich heute an, weil er wissen wollte, wo du zu finden bist. Ich habe ihm die Adresse von diesem komischen Institut gegeben. Also, hat sie was gesagt?«

»Wer soll was gesagt haben?«

Key schaute mich an, als hätte ich nicht alle zusammen. »Marta natürlich.«

»Marta... welche Marta bitte?« Ich durchwühlte meine leicht benebelten Gehirnwindungen: »Marta Schlitzer?«

Key schüttelte den Kopf. »Nicht Marta Schlitzer. Ich meine Marta von Matt. Sie hat nicht sehr viel mit Schlitzer zu tun.«

»Oh«, sagte ich, »das sah aber gar nicht so aus.«

Key drehte die Augen raus. »Darf ich erfahren, was du damit sagen willst?«

»Na, es sah eben nicht so aus, als hätte sie nicht viel mit

Schlitzer zu tun. Als ich gegangen bin, lag er vorm Fernseher und sie hat ihm an den Zehen geknabbert...«

»Sehr komisch.« Key lachte kein Stück.

»Entschuldige.« Ich nahm mir den neuen Drink, den Regine unaufgefordert hingestellt hatte. »Ich glaube, ich habe heute abend bei Schlitzer auch deine Stimme gehört. Ist doch richtig, oder?«

Key nickte.

»Warum soll Frau von Matt dann mir was gesagt haben, wenn du selbst bei Schlitzer warst?«

»Ich war bei Schlitzer, mein Freund, nicht bei Marta.«

»Aber du hast sie getroffen ... hättest sie treffen können.«

Key schlug beide Hände auf die Theke: »Nein, ich hätte sie nicht treffen können. Ich war bei Schlitzer, nicht bei ihr. Begreifst du den Unterschied?«

Ich begriff nur, daß Key ziemlich aufgedreht war. »Du hast dich mit Schlitzer in der Wolle gehabt?«

Key brummte was Zustimmendes und schaute mich dabei traurig an. »Eine Frage – kann es sein, daß du im falschen Film sitzt und nur deshalb nicht rausgehst, weil du bezahlt hast ... oder denkst du gerade mit der Nase?«

Key zündete sich eine Craven »A« an und blies mir den Rauch ins Gesicht.

Obwohl ich schon eine Weile nicht mehr rauchte, steckte ich mir auch eine an. »Was willst du mir damit sagen?«

»Na ja«, sagte Key, »du erscheinst mir ein bißchen unkonzentriert, angeekelt wäre vielleicht der richtige Ausdruck. Ist irgendwas?«

»Nichts von Bedeutung«, sagte ich, »das heulende Elend im Nacken, ein paar Löcher in der Welt und so viele Briefe, die nicht ankommen ... das Übliche.«

Key zerbröselte das Korkmundstück seiner Zigarette. »Ich dachte, ich hätte dir geholfen, ein paar von deinen Problemen abzubauen, indem ich dir etwas zum Geldverdienen besorgt habe.«

»Ob das eine so gute Idee war...«

»Wenn das nicht der Fall ist, dann können wir uns gern die Mühe machen, deine persönliche Phrenesie aufzuarbeiten. Aber erst will ich wissen, ob du eine Message von Marta für mich hast!«

Ich schüttelte den Kopf.

»Gut. Damit du nicht das Gefühl hast, daß dir keiner was erzählt, bekommst du auch die Geschichte dazu: Es war ein ziemlich lauer Sommer vor vier Jahren, ich ein schmucker Kerl in schwarzer Lederjacke, Jeans und Laufschuhen, das Gesicht noch nicht so ausgefeilt wie heute... hier und da 'ne Mark in Kreuzberg, Schöneberg und die Spendendosen aus den Ökoläden abzuholen, brachten es auch nicht mehr. Jemand kam auf die Idee... rauf auf den Ku'damm und Rambazamba machen. Da steht so eine Schickimickitorte in teurem Tuch und ist gar nicht beeindruckt: ›Wenn ich nicht zahle, würdest du mich dann vergewaltigen?‹ Sie läßt einen Ring ins antiimperialistische Tuch fallen... einen Ring, weiß der Geier, was der wert ist... die anderen waren auch nicht faul, die Bullen auch nicht... lalülala und ab die Post...« Key lachte. »Da stand ich ganz schön im Regen, von hinten rückten die Grünen an, vor mir Zivilgreifer und neben mir eine Frau, deren Lächeln einen Mann ins Unglück stürzen kann... und genau den Moment war ich zu langsam. ›Sind Sie belästigt worden?‹ fragte der Oberbulle, und seine Kumpel standen schon bereit, mir ihre Gummischwänze ins Maul zu stopfen. ›Ich suche mir die Männer selbst aus, von denen ich mich belästigen lasse...‹ Die Bullen bedauerten das, zogen aber wieder ab. Ich hab noch nie bei einer Frau Angst gehabt... sie sagte, ich soll mich nicht duschen, sie will mich riechen... Sie kannte einige Leute, das hatte schon Unbegabteren zu einem monatlichen Auskommen verholfen... die Karriereaussichten als Streetfighter waren mau, und ein neuer Computer mußte auch her, die ersten ATs waren gerade auf dem Markt, meine letzte Kohle hatte ich in ein neues Modem investiert, und wenn du in einer Entwicklung steckst, dann willst du dich nicht ständig darum kümmern, wo du deine Schrippen herbekommst... so kam ich zu Schlitzers Nummer.«

»Und die Frau heißt natürlich Marta von Matt und all die Zeit habt ihr euch geliebt, aber konntet zueinander nicht kommen...« Ich schob den Unterkiefer hin und her, um die Wangenmuskeln wieder locker zu kriegen.

Key lächelte in sich hinein, als wüßte er, daß das alles nicht wahr war.

»Komm«, sagte ich, »das hast du dir ausgedacht, weil du darauf spekulierst, daß ich heimlich im Kino heule.«

Key schüttelte den Kopf. »Weißt du, die ganze Zeit habe ich mich um den eigentlichen Preis beschissen gefühlt, verstehst du? Plötzlich war sie nicht mehr zu fassen, nur noch eine Idee. Jetzt habe ich sie endlich soweit, du verstehen? Da bekommt Schlitzer Wind, daß zwischen ihr und mir was läuft... sie ist sein Renommierobjekt... alte Männer brauchen so was und sind nachtragend...«

»Gestern klang das anders, was mit Diskette und Binnenmarkt, ich krieg's nicht mehr ganz zusammen...«

»Eisenkolb, vergiß es! Ich sitz ganz schön in der Tinte. Wenn Schlitzer durchdreht, dann schneidet er mir die Eier ab. Ich kann nicht einmal nach Südamerika, dort sind Männerhoden noch weniger wert... du mußt mir helfen...«

Ich klopfte Key beruhigend auf die Schulter. »Kein Problem, ich werde Schlitzer sagen, daß du es nicht so gemeint hast...«

»Arschloch!«

Key hielt mir die Zigarettenschachtel vor die Nase.

Ich nickte.

»Wenn du wieder bei ihm bist... ich muß alles wissen, was da abläuft, was er gesagt hat, welche Stimmung... du verstehst... nur so kann ich vorbereitet sein. Wann bist du wieder dort?«

»Morgen... und was ist mit Marta von Matt?« Ich fand den Namen genial. »Sitzt die nicht auch in der Tinte?« Ich sah sie mit einer blutigen Schnur um den weißen Hals, die herrlichen Beine zur Seite weggeknickt, einen Arm schlaff auf dem Art-Deco-Sekretär. Ein schönes Bild.

Key machte einen gefaßten Eindruck. »Weißt du, ich habe in der letzten Zeit viel über Marta und mich nachgedacht. Marta verschenkt sich nur dorthin, wo sie etwas dafür bekommt, was sie nicht besitzt... sie ist trotz allem eine praktische Frau, wenn du verstehst – und nach dem, was du mir vorhin erzählt hast, hat sie sich schon wieder arrangiert. Die sorgt am besten für sich allein.«

»Jaja, so ist das mit den Frauen«, sagte ich. »Und wegen ihr hast du angefangen, mit Kokain zu dealen, und schickst Claudia auf den Strich.«

»Mach mich nicht kleiner als ich bin, Eisenkolb. Ich deale, weil ich gern rote Autos fahre, schnelle Computer liebe und meine Haut allergisch ist gegen alle Gewebe ohne Kaschmir oder Seide... und was Claudia betrifft, das ist eine ganz besondere Beziehung... ach du Scheiße, sie wollte dich heute abend treffen... ich hatte ihr versprochen, dir Bescheid zu sagen... ich habe es vergessen... tut mir leid, ich habe es vergessen.«

Es tat ihm leid.

Wenn jemand so sichtlich betroffen ist, dann kann man ihm schlecht böse sein. Was hätte mir Claudia sagen können? Ich zuckte mit den Schultern.

»Aber wenn du sie wirklich sehen willst, dann kannst du sie ja besuchen.«

Mit dem Gejammer des Türsummers betrat ein Kerl die Bar, den man von weitem mit einer Leiter verwechseln konnte – so lang und dünn war er. Um seine pittoreske Erscheinung noch zu betonen, trug er mitten im Sommer Hut und Schal. Er legte die Hände über die Theke und leckte sich die Lippen. Ich beachtete ihn nicht weiter.

»Besuchen, wo?«

Key hielt eine Taschenuhr ins Licht. »Sie wird sich gerade schminken ... den letzten Schliff anlegen, sozusagen ... in einer halben Stunde macht der Laden auf.«

Der Kerl hatte es offensichtlich auch nicht leicht. Er saß halb über die Bar gebeugt und knurrte ängstlicher wie ein Straßenköter. Seine Augen huschten unruhig hin und her. Sie blieben immer wieder an Key und mir hängen.

»Was für ein Laden?« fragte ich.

Key ließ die Uhr in meine Tasche zurückgleiten: »Der Sugar-Club. Du mußt vorhin an ihm vorbeigegangen sein.«

Der Kerl schaute schon wieder zu uns. Regine stand bei ihm und schenkte ihm nach, ihre Hand lag auf seinem Arm.

Der starre Blick unter den flatternden Lidern machte mich nervös. »Ein Puff?«

»Nicht im eigentlichen Sinne ... eher ein Tempel der Trösterinnen für alle, die beladen sind ... mit Verantwortung und goldenen Kreditkarten ... die Mädchen sind selbständig, arbeiten auf eigene Rechnung ... wie weit sie gehen, hängt von ihnen ab, von der Sympathie ... und wie nötig sie die Kohle brauchen ... ist recht gepflegt, der Laden, kaum ansteckend ... aber übermäßig scheint dich das nicht zu interessieren ... gestern wirktest du diesem Thema gegenüber aufgeschlossener ... ein Mann, der den Schmerz beherrscht, was?«

Die Bar hatte sich mit Trenchcoatträgern, Nachtgesichtern und Frauen gefüllt, die nicht viel Wert auf ihr Make-up legten.

»Vielleicht«, sagte ich, »zwischen gestern und heute ... ich weiß es nicht ... wer ist dieser Kerl?«

Key schaute kurz zu dem Mann mit Hut.

Regine machte ein Zeichen.

Key leerte sein Glas in einem langen Zug. »Laß uns hier abhauen«, er drehte sich zur Tür.

Es war schon zu spät. Eine Hand legte sich federleicht auf

Keys Schulter. »Das ist ein Zufall ... ein Zufall ist das ...« Der Kerl mit dem Hut zitterte am ganzen Körper. Es sah nicht nach Freude aus. »Hätte nicht gedacht, daß wir uns ausgerechnet hier wieder treffen ... ich gehe kaum noch aus ... hier war ich schon ewig nicht mehr ... du hast mich damals ganz schön angeschissen, was ... Mann, hast du mich angeschissen ... da habe ich lange dran gekaut ...« Seine Augenlider zuckten, er kicherte ein hohes, flattriges Lachen. »... aber ich bin dir nicht böse ... ich dachte mir, daß dir das vielleicht weiterhilft ... wenn ich dir verzeihe ... und wenn nicht heute, dann morgen ... und wenn nicht morgen, dann übermorgen und wenn nicht übermorgen, dann überübermorgen ... aber eines Tages wirst du froh sein, daß ich dir verziehen habe ... weil ich der einzige bin, der dir verziehen hat, du Drecksack ... ich habe dir verziehen.« Während des Sprechens stieg seine Stimme an wie das Pfeifen eines Wasserkessels.

Key wischte die Hand ab, die wie ein ungeschickter Vogel auf seiner Schulter umherhopste. »Ist schon gut, Kolja, ich werde es mir merken.« Er machte einen Schritt Richtung Ausgang. »Los komm, laß uns hier abhauen ...« Key zog einen Geldschein aus der Tasche, warf ihn auf die Theke: »Bye, Regine, bye!«

An der Tür holten die bleichen Hände Key ein. Sie waren gar nicht mehr so schlaff: »Einmal noch ... ich habe dir verziehen ... es tut dir nicht weh ... du hast die Taschen voll genug, ich weiß, daß du die Taschen voll hast, ich weiß es!«

Key schüttelte die Hände ab. »Nein!«

»Du Schwein ... du verdammtes Schwein ...« Die Stimme sprang zwischen zwei Oktaven hin und her. »Du verdammtes Schwein ... dir verdanke ich das ... aber du fällst auch noch auf die Fresse ... du wirst noch tiefer fallen, viel tiefer ...«

Ich konnte es nicht ertragen.

Key schien das nichts auszumachen. »Tiefer als du, Kolja? Das geht nicht.«

Diesmal konnte ich es sehen. Key verlagerte sein Gewicht auf die Fersen, um dann über die Ballen abzurollen. Er schlug mit der flachen Hand von unten nach oben. Der Schlag war hart, aber nachlässig.

Der Hut purzelte auf den Boden. Mit einem langgestreckten Seufzer glitt der Mann zu Boden.

Die Tür stand offen.

Eine Bö trieb Staub und den Streusand des letzten Winters über die Straße. Ich lehnte am kühlen Blech des TransAm. »Du bist ein unheimlicher Kämpfer, was?«

»Kein Mitleid, bitte. Alles, was du siehst, gehört zur Therapie!« Key schlug mit einer Hand in die andere. Es gab ein Geräusch, wie bei einem Italo-Western. »Wenn du was wissen willst, dann frag mich einfach direkt. Frag mich, wer das da drinnen war. Aber versuche nicht, pfiffig zu sein.«

Ich klopfte mit der Ferse an den dicken schwarzen Reifen. »Das war Kolja... Du hast ihn fertig gemacht... heute, vor Jahren... was weiß ich.«

»Du kannst es nicht lassen, was?« Key kroch in den Schoß des TransAms zurück und stieß mir die Tür auf.

»Wohin soll ich dich fahren?«

Ich zog den Zettel mit der Adresse aus der Tasche. Er war zerknittert und feucht vom Schweiß.

Nollendorfplatz, Ecke Maaßenstraße standen ein paar Bullenwannen. Zehn, zwölf Junkies saßen verstreut auf den grauen Blumenkübeln. Die Stühle der Straßencafés waren besetzt. Blonde Kellnerinnen schleppten Tabletts voller Bier, der ganze Straßenzug roch nach Pizza. Ein Jeep voller junger Männer mit gepflegten Kurzhaarschnitten jagte hupend an uns vorbei. Vor einem Eckcafé stand eine dünne Gestalt mit gebeugten Schultern und sang mit brüchiger Stimme Chansons der dreißiger Jahre. Ich hatte die Lieder oft genug gehört.

Der TransAm schlängelte sich um die in zweiter Reihe geparkten Wagen.

Ich gab Key ein Zeichen, den Wagen anzuhalten.

Vom Zebrastreifen aus, auf dem wir standen, konnte ich direkt zu Karens Wohnung schauen. Karens Wohnung! Die Fenster waren dunkel, auch bei mir. Was Wunder. Aber irgendwie hatte ich erwartet, Licht zu sehen, wollte mich vergewissern, ob ich wirklich nicht da war.

Ich zeigte hoch. »Da habe ich mal gewohnt.«

Keys Blick folgte meinem Finger. »Gute Gegend hier... Warum bist du ausgezogen?«

»War zu laut.«

Ich mußte lachen. So einfach war das.

»Hast du noch was von diesem Lebenselixier... du weißt schon.«

»Pulver oder Flasche?«

»Beides.«

Aus der Erkenntnis, daß die Welt tief im Inneren blau ist, stieg das Bild eines großen, vierschrötigen Mannes vor mir auf. Er lachte und hielt mir die Hand hin. Es war eine schmale, feste Hand...

Key rüttelte mich an der Schulter. »He, was ist los... fühlst du dich nicht in Ordnung?«

Ich schreckte auf.

»Nichts«, sagte ich, »ich mußte nur gerade an meinen Vater denken.«

»Oh, oh, oh, die schottischen Jungfrauen. Was wollte der Herr Vater dir denn mitteilen?«

»Er sagte, daß ich ihm immer ähnlicher werde.«

»Ist das ein Kompliment?«

»Ein Mann des Bergungstrupps, der ihn fand, erzählte,

die ganze Schlucht hätte wie ein Whiskyfaß gestunken. Sein Körper wäre eins mit dem Rover gewesen, mit dem er aus der Kurve geflogen war, und wenn was daran ist an dem Bericht, dann ragte ein abgebrochener Flaschenhals aus seinem Rachen. Er muß ein rechter Wildfang gewesen sein. Meine Mutter hat nicht gern drüber gesprochen. Sie hat immer wieder den Grund gesucht, weswegen sie ihn damals geheiratet hat. Muß Liebe gewesen sein ...«

Das Autoradio dröhnte, Key hielt den Flachmann in der Hand und mit lächerlich nach oben gerissenen Mundwinkeln saßen wir da und waren nicht in der Lage, ein ordentliches Gelächter vom Zaun zu brechen.

»Und was jetzt«, japste Key, »was machen wir mit der Restzeit?«

»Keine Tour heute, nichts zu liefern?«

Key schüttelte grinsend den Kopf. »Das Martyrium of modern time, der absolute Alptraum – nichts zu tun, keine Verabredung, ein weißes Loch im Terminkalender ...«

»Okay«, sagte ich, »okay, dann geh ich jetzt auf eine Party, wo ich mich verlieben und küssen werde. Und du, du kommst mit ... als mein Fahrer.«

»Eisenkolb!« Key war gerührt, »Eisenkolb, aus dir wird mal richtig was Großes.«

Im Durchgang zum Hof roch es nach Urin und Maschinenöl. Ein Baß waberte uns entgegen. Stimmengewirr aus offenen Fenstern im vierten Stock wies den Weg.

Das Haus mußte erst vor kurzem renoviert worden sein, im Hof lagen noch Gerüstteile herum, ein Zementmischer stand da wie ein fossiler Maulfrosch.

Im Hausflur war von Renovierungsarbeiten nichts zu spüren, die Holztreppe knarrte, das Geländer zitterte bei dem Gedanken, daß sich jemand an ihm festhalten würde, und bevor wir oben ankamen, war das Licht zweimal ausgegangen.

Vor der Tür, die Musik und Stimmengewirr nur mühsam zurückhalten konnte, überlief mich ein Anfall von Unsicherheit. Was, wenn Angelique nicht da war? Was, wenn meine entflammte Leidenschaft nur ein ungelöstes Wohnungsproblem war?

Key stupste mich sanft von hinten an: Mach schon.

Die Tür wurde aufgerissen. Ein stoppelhaariger Kerl in einem Fünfziger-Jahre-Anzug und mit breitem Lächeln stand vor mir. »Hoppala!« sagte er, bemüht, mich zu erkennen. »Ihr kommt erst, un für mich isses schon su spät ... na dann, gute Nacht!«

Polternd schoß er die Treppe hinunter ins Dunkle. Ein paar Treppen tiefer knallte es. Ein lautes, fröhliches Lachen war die Folge. Es verlor sich im Hof.

Etwa fünfzehn Leute mußten zu der Erkenntnis gelangt sein, daß der schönste Ort auf einer Party der Flur ist. Mühsam schoben Key und ich uns bis zur ersten Tür durch. Sie ließ sich nur mit Gewalt öffnen.

Die Küche war voll wie ein bolivianischer Bus. Mit Plastikbechern und Tellern bewaffnet, standen die, die auf jeder Party in der Küche stehen – die Partykritiker, die Geheimbündler, die Hardcore-Schnorrer mit gesellschaftlichem Auftrag. Ich erkannte einige Leute aus dem TEMPO-Institut, kannte aber keinen mit Namen. Angelique war nicht dabei.

»Rein oder raus?«

Die Entscheidung war schwierig, solange die Getränkefrage nicht geklärt war.

»Laß uns eine Runde drehen«, sagte Key, »in der Küche können wir uns noch früh genug feststellen.«

Wir zogen uns wieder in den Flur zurück.

Die Versammlung hatte sich aufgelöst, ein Durchkommen war möglich. Schwan stand mit dem Rücken zur Wand und unterhielt sich mit einem Mädchen in Männerkleidern. Er tippte mich an. »Birke hat nach dir gefragt, sie war eben hier, irgendwo…«

Ich bedankte mich.

Die Musik zog den Rhythmus an.

Die nächste Tür stand offen.

Es war das Bad.

Die Wände waren fleckig, die Kacheln auf dem Fußboden zerbrochen. Auf ausladenden Tierfüßen, Löwen oder so was, stand eine Badewanne, in der Bierflaschen zum Kühlen lagen.

Ich griff mir eine.

»Wollen wir tauschen«, sagte Key hinter mir, »ich habe da was vorbereitet.« Er holte eine Flasche Schampus unter dem Jackett hervor. »Die stand so allein rum, ich konnte nicht nein sagen.«

Der Korken schoß mit einem dumpfen Plop aus dem Hals.

Der Schampus war mies oder warm oder beides, auf dem Wasser in der Wanne schwammen Bieretiketten, Leute steckten ihre Köpfe zur Tür herein, manche grüßten, die meisten nicht, nebenan hämmerten zwanzigtausend Beats per Minute, und ich saß auf dem Wannenrand und dachte: Gleich, gleich gehst du los…

Ich stieß auf.

»Du darfst dich nicht ganz setzen, du mußt versuchen, es im Stehen zu machen, das geht, glaub mir, das geht…«

Key und ich schauten uns an.

»So… ist das so okay? Sag mir, daß es so gut ist, ich kann es nicht mehr länger…«

»Ja, das ist gut, so ist es gut…«

Wasser plätscherte. Die männliche Stimme keuchte vor Erregung, die Stimme der Frau vor Anstrengung.

Key und ich rutschten auf dem Wannenrand weiter in das Bad hinein.

Hinter dem Mauervorsprung, an dem die Abwasserrohre entlangliefen, stand die Toilette. Auf dem Waschbecken gegenüber saß ein Kerl mit weißem Hemd und bunter Krawatte. Die Ärmel hatte er aufgekrempelt, das Hemd stand offen. Schwitzend und sich die Haare nervös aus der Stirn streichend, starrte er gebannt auf das Toilettenbecken.

Mit gespreizten Beinen stand die Frau halb, halb hockte sie. Der Rock hing ihr um die Knöchel, unter ihren Knien spannte der Slip. Mit einer Hand wischte sie sich die Möse trocken, die andere suchte die Spülung. Durch die angestrengte Haltung waren die Muskeln ihrer Beine angespannt, sie zitterten leicht.

Die Frau kicherte.

Key und ich zogen uns zurück.

»Ganz ordentlich«, Key nickte anerkennend, »die jungen Leute geben sich Mühe...«

Die Spülung rauschte und dann der Wasserhahn.

Mit selbstbewußtem Geklapper der Absätze und einem lockeren Schwung in den Hüften schritt eine propere Brünette an uns vorbei. Sie war vielleicht achtzehn, höchstens zwanzig. Ihr voller Mund war knallrot geschminkt, am Kinn klebte ein Schönheitsfleck.

»Spanner«, zischte sie, bevor sie das Bad verließ.

Key setzte die Flasche erneut an. Ich hatte Lust auf ein Bier und faßte hinter mich. Mit einverständigem Nicken blieben wir sitzen.

Wir saßen keine Minute, als ein zierliches Mädchen mit schmalen Hüften und langem Haar zielsicher nach hinten durchging.

»Darf ich dir... ich will... ich...« Es war wieder die Stimme des Mannes, die abbrach, um in ein erregtes Keuchen überzugehen, das von heiseren Tönen der Ekstase durchbrochen wurde. Wasser plätscherte und plätscherte und plätscherte und plätscherte.

Ich trat in den Flur, vorbei an zwei weiteren Mädchen, die an der Tür warteten, bis sie rein konnten.

Ein bißchen irritiert war ich schon.

»Na, hast du nicht das Gefühl, was falsch zu machen?«

Key schob sich geschmeidig durch die Menge.

Ich zuckte mit den Schultern. Sprechen nützte nichts mehr – wir standen im Zentrum der Party.

Dreißig, vielleicht vierzig Leute verteilten sich in einem ziemlich großen Raum. Die meisten standen herum, einige tanzten. Eine blonde Ökotorte in bunten Trikothosen mit viel zu dicken Beinen machte den Reggae auf eine Siouxie-and-the-Banshees-Nummer. Ein Pärchen versuchte sich im Walzer. Den Türbereich hielt gelangweilt eine Fraktion in Schwarz besetzt, links hatte sich ein Kreis um einen langen Knaben im Zweireiher gebildet, der mit dem Eifer eines evangelischen Missionars irgendwelche selbsterdachten Texte vortrug. »Kommunikation«, brüllte er gegen die Musik, »gesellschaftlicher Auftrag«. Eine Maus mit Lockenkopf und Faltenrock schmiegte sich an ihn.

André, der Blonde mit der Goldrandbrille, stand gleich neben der Tür und zeichnete mit einem Edding fickende Hunde an die Wand, während Anke ihre Brüste an seinem Rücken rieb.

»Ist er nicht toll«, schrie sie mir ins Ohr, »sie haben richtige kleine Eier, guck mal!«

Die Wände waren nur abgewaschen und nicht wieder gestrichen worden. Der ganze Raum war auf Ruine gestylt. An der hinteren Wand stand eine schwarze Sitzgruppe, darüber hing verrostetes Eisen. Für den Mördersound waren zwei gigantische Acrylboxen verantwortlich, in deren Innerem geheimnisvolle Lichter glommen. Vor einer der beiden standen Key und ich.

»Hattest du nicht gesagt, daß du dich verlieben und wild küssen willst? Dann solltest du dir erst mal die Hände freimachen, sonst wird das nichts.«

Key steckte mir eine Zigarette, die er aus einem kleinen silbernen Etui geholt und hastig angeraucht hatte, zwischen die Lippen.

Eine Bierflasche in der einen, den Schampus in der anderen Hand, stand ich da und schaute mich um. Der Rauch war von einer eigenartigen Schärfe. Er war für den Kopf gemacht, nicht für die Lungen.

Key packte mich am Oberarm: »Sag mir ganz schnell, wer das ist.«

Der Boß stand mit einer Schar von Jüngern, zu denen auch Schwan und ein kleiner Dicker gehörten, den sie Rudi nannten, am Fenster und rauchte einen Joint, Marke Familienpackung. Er trug ein schwarzes Netzhemd, schwarze Jeans, und in jeder seiner Bewegungen steckte die Kraft eines ganzen Mannes.

»Der«, sagte ich, »der arbeitet auch bei TEMPO, macht dort den Obermotz.«

Die letzten Worte hatte Key schon nicht mehr gehört. Er schoß quer durch den Raum auf den Boß zu, packte ihn an der Schulter und riß ihn herum. Das sah vielversprechend aus – gleich würde es gewaltig eins auf die Schnauze geben.

Key sagte was.

Der Boß hob die Faust – viel zu langsam. Er hatte keine Chance.

Mit einem Aufschrei fielen sich die beiden in die Arme wie reifes Obst. Key winkte zu mir rüber, zeigte auf den Boß und rief etwas, das ich nicht verstand.

Ich nickte. Damit war Key für diesen Abend zu vergessen. Ich redete mir ein, Angelique nicht zu suchen. Es war eine gute Party. Es gab jede Menge Frauen. Ich war nicht auf Angelique angewiesen. Sie sah zwar gut aus, aber auch schwierig.

Ich fand sie nicht.

Andreas legte die Platten auf. »He, Rundfunkmann, toller Sound, was? Tolle Leute, tolle Party... warte mal...« Er langte hinter den Verstärker und förderte eine Flasche Ballantines zutage. »Ich sage dir, wer nicht für sich selbst sorgt, ist verloren.« Er nahm einen tiefen Zug und gab die Flasche an mich weiter.

Ich stellte die Schampusflasche ab, stellte die Bierflasche ab, setzte die Whiskyflasche an die Lippen und schickte ein Stoßgebet gen Himmel.

Das heulende Elend grinste mich von der Decke an. Was anderes hatte ich denn erwartet. Ich versuchte mich als Schreiber von Erpresserbriefen, die nicht mal genommen wurden, Key hatte einen Kumpel gefunden, Karen vermißte mich nicht, der Kerl vor mir hatte mich Rundfunkmann genannt, woran ich selbst schuld war, und Angelique hatte sich einen Spaß mit mir gemacht.

Mich schüttelte. Ich nahm einen zweiten Schluck – ließ den Schnaps einfach am Kehlkopf vorbeilaufen.

Es ging vorbei.

»Toller Zug«, Andreas schaute anerkennend auf die Whiskyflasche.

Ich schaute ihm tief in die Augen. »Weißt du, wenn du nächtelang allein an der Diskothek gesessen hast und nur das Mikrophon war da, das dir zuhörte, und die Stadt schlief und die letzte Zigarette war geraucht und im Studiofenster ist kein Stern zu sehen, und es gibt niemanden, der dir eine Pizza bringt, dann lernst du jemanden zu schätzen, der's dir warm ums Herz macht...«

Andreas musterte mich kritisch, dann lachte er. »Komm, das mit dem Rundfunk hast du dir doch ausgedacht, oder?«

Ich klopfte ihm auf die Schulter und ging weiter: Alles nur Erfindung. Mit ein paar Unfreundlichkeiten nach allen Seiten hatte ich mich bis an die Sitzgruppe herangearbeitet. Eine hohe, lederbezogene Lehne ragte vor mir auf. Dahinter wippten zwei Füße in hochhackigen Pumps gleichermaßen gelangweilt wie nervös im Beat der Baßdrums.

Ich spürte meinen Puls.

Ich konnte es riechen.

»Ich dachte schon, du kommst nicht mehr«, brüllte mir Birke ins Ohr.

Ich drehte mich zu ihr um: »Ich habe doch gesagt, daß ...« Birkes kleine Hand hatte einen festen Griff. Ich versuchte mich loszumachen, ohne ihr wehzutun. Zu spät! Während ich mit Birke rangelte, schaute ich Angelique ins Gesicht. Ihr Mund zuckte spöttisch, ihre Nägel leuchteten gefährlich auf dem schwarzen Leder.

Entschuldigung heischend hob ich die Schultern.

Angelique drehte sich mit dem Sessel einmal um die eigene Achse.

Jemand stellte sich zwischen uns.

Ich roch Karens Parfüm und eine ordentliche Fahne, als Birke mir im Flur die Arme um den Hals schlang und auf mich einzureden begann, als wäre ich eine Kontaktperson zur Freudschen Gesellschaft. »Weißt du, ich bin aus Hamburg ... ich hab dir das doch schon mal erzählt, oder? ... eine richtige Bürgerstochter ... mein Vater arbeitet in einem Schiffsmaklerbüro ... als die von TEMPO mir den Job in Berlin anboten ... das war ein Abenteuer ... Hamburg hat einen zu hohen Blutfettspiegel, du verstehst ... eine Aufgabe, eines der ersten Institute für Demoskopie per Telefon ... ich konnte mir die Mitarbeiter aussuchen ... ist dir das auch schon aufgefallen, wie einsam die Leute sind ... ich war gestern im Supermarkt, da gibt es jetzt halbe Sekt- und Weinflaschen zu kaufen ... es war Viertel nach sechs, der Supermarkt macht halb sieben zu ... da stand eine ganze Schlange vor der Kasse ... keiner älter als vierzig, würde ich mal schätzen ... langweilt es dich, was ich erzähle, ich habe zuviel getrunken ... sag, wenn ich dich langweile ... die standen da und jeder hatte irgend etwas aus der Tiefkühltruhe, ein paar Äpfel, etwas Reinigungsmittel und ein paar von den halben Flaschen ... das war so traurig, verstehst du... davon muß auch was rein, wenn du die Reportage über TEMPO machst, weil... es geht doch um viel mehr...«

»Ich mache keine Reportage«, ich schüttelte heftig den Kopf, »das hat Andreas falsch verstanden.«

Birke legte mir den Zeigefinger auf die Lippen. »Ich hab schon begriffen... ich hab noch was zu trinken versteckt...«

Ich nickte.

Ein paar Meter weiter dröhnte eine alte Scheibe der Talking Heads, saß Angelique in einem schwarzen Ledersessel, und je länger sie dort saß, desto größer wurde der Abstand, aber ich kam nicht von dieser Wand los.

Birke drückte mir eine eiskalte Flasche an die Brust. »Mach du mal auf... ich denke, mit TEMPO, das ist eine Chance, vielleicht funktioniert so was wirklich, wie man es sich vorgestellt hat... blasen, hat mein Psychologe immer gesagt, blasen und nicht saugen, blasen...«

Dagegen war nichts einzuwenden. Ich ließ den Korken zur Decke knallen. Die Kälte tat gut.

Birke war nicht zu halten. »Vielleicht findet man mit der Zeit doch die Richtigen... muß man ja, rein statistisch... und dann, was willst du eigentlich?« Birke schaute mich mit weit aufgerissenen Augen an. Die Flasche hielt sie zwischen die Brüste gepreßt.

»Ich will Angelique«, sagte ich, »das will ich.«

Birke nahm einen tiefen Schluck aus der Flasche. Der Sekt schoß ihr links und rechts aus den Mundwinkeln.

»Schade, da kann man nichts machen«, sagte sie und ging in die Küche.

Ich hatte keinen Grund, ihr nachzugehen.

Andreas spielte ein altes Stück von Alex Harvey. Next. Nichts konnte mehr schiefgehen. »Laß uns tanzen«, sagte ich und wirbelte den Ledersessel herum, auf dem Angelique saß.

Mit vom Kiff verschleierten Augen lächelte mich das

Mädchen mit dem Schönheitsfleck am Kinn an: »Wenn du mir was zu trinken besorgst...«

Niemand wußte, wo Angelique war. Niemand hatte sie gesehen.

Ich warf einige Flaschen um, trat einige Gläser kaputt.

Es nützte nichts.

»He Rundfunkmann, 'schuldigung«, lallte Andreas. Er saß auf dem Podest seiner Hi-Fi-Anlage und goß Cola zwischen die Platten.

Ich riß seinen Arm zurück. »Was soll denn das?«

»Ob nu ich das mach oder ein anderer, is doch egal... mach ich's lieber selber«, nölte er, »hab ich noch Spaß bei...«

Ich nahm ihm die Cola aus der Hand, die lauwarm war und nach Nudelsalat schmeckte. »Hast du Angelique gesehen... die Rothaarige...?« Es war immerhin eine Möglichkeit.

Andreas drehte die Handflächen nach oben. »Die is weg... der hab ich nich gepaßt...«

Ich packte Andreas an den Schultern: »Wo ist sie hin?«

Andreas wackelte beleidigt mit dem Kopf: »In eine Disko... thek... ins Five, oder so...« Er nahm mir die Dose aus der Hand und goß weiter Coke zwischen seine Platten. Was anderes konnte man damit auch nicht mehr machen.

Die Party hatte sich schon ziemlich geleert. Key quatschte noch immer mit dem Boß. Ich konnte keine Rücksicht nehmen.

»Los«, sagte ich, »wir müssen abhauen!«

»Was soll das?« Key wollte noch nicht gehen. »Du mußt jetzt die Nerven behalten, verstehst du, entspann dich mal...«

»Keine Chance«, sagte ich. »In den Straßen wartet mein Glück, und du bist der Fahrer!«

Das Talk Five nannte sich Jazz Club. Saxophone, Trompeten, Gitarren und andere in Kunststoff gegossene Instrumente standen als Objekte herum. Gespielt wurde gewöhnlicher Latino-Pop.

Jazzer gießen keine Saxophone in Acryl.

Zur Ernüchterung hatten Key und ich im Bauch des TransAms noch eine schnelle Nase genommen. Key maulte, weil ich nicht mehr hatte bleiben wollen, obwohl er den Boß wiedergetroffen hatte.

Bevor Key ihn aus den Augen verlor, hatte er sich noch Mautz genannt, was über Mao zu Mao Tse-tung führte – Streetfighting Years.

Mit bürgerlichem Namen hieß er Schlinkel.

»Bei TEMPO heißt er Boß«, klärte ich auf.

Key atmete schwer.

Sie hatten in einigen antiimperialistischen WGs gewohnt und sich eine Zeitlang eine Lederjacke geteilt.

Im Radio spielten sie einen wunderbar schlappen Rhythmus.

Key zeigte auf das Radio. »Genau das hatten wir schon mal... Grateful Dead... und jetzt Mautz, hat was Interessantes zu laufen... hat ein paar Andeutungen gemacht, hat eine Gang zusammengestellt, räumen wohl ganz gut ab...«

Sternkonstellationen, Aszendentenspiel, die Trampelpfade der Städte, die Strömungen der Erde – was blieb, ist wie Rußlandfeldzug und daß jede Jugend ihren Krieg braucht.

Ich hatte Birkes Coco in der Nase und Angeliques Blick auf den Netzhäuten.

Key blieb im Auto sitzen.

Niemand stand mehr vor der Tür. Nur der Einlasser lümmelte gelangweilt herum. Er war ein oberschicker, arroganter Brasilianer. Es galt als Triumph schlechthin, von ihm gegrüßt zu werden. Seine Selektion war bösartig, unberechenbar und gemein.

Er baute sich in der Tür auf. »Zehn Mark.«

Das war mehr als eine Frechheit, das war eine Beleidigung. Der Laden hatte höchstens noch eine Stunde auf. »Ich suche jemand, bin gleich wieder draußen...«

Er machte auf stur. »Alle suchen jemand, mein Freund. Zwanzig Mark.«

Ich hatte keine Zeit für solche Faxen.

Er wippte auf den Fußballen. Er lächelte wie einer, der schon in jede Ecke der Welt gerochen hat.

Das glaube ich nicht.

Es war nicht sonderlich schwer, ihn aus dem Gleichgewicht zu bringen. Als er zu Boden ging, guckte er ausgesprochen dumm.

Es sah niemanden außer mir.

Drei Leute standen an der Bar.

Auf der Tanzfläche ein Narziß aus Ankara.

Ich erkannte Angelique sofort. Ihr Haar hatte die Farbe von glühendem Stahl, in der Hand hielt sie eine lange, schlanke Zigarette.

Sie saß neben einem Kerl in einem violetten Schlappersacko in einer größeren Gruppe von Leuten um einen kleinen Tisch.

Während ich noch überlegte, mit welchem originellen Satz ich beginnen konnte, ging ich auf sie zu und legte ihr die Hand auf die Schulter.

Meine Stimme war spröde. »Kommst du mit?«

Angelique drückte sorgfältig ihre Zigarette aus, stellte ihr Glas weg und stand auf. »Ich wollte gerade gehen.«

Ich legte die Arme um ihre Schultern. »Was sind das für Leute – Freunde von dir?«

Angelique schüttelte den Kopf: »Ich weiß nicht. Die waren einfach da...«

Langsam, beiläufig fast, gingen wir nach draußen.

Ich schaute zum Himmel – keine einzige von Sehnsucht gejagte Wolke zog über uns hinweg.

Trotzdem tat es unheimlich gut.

Engelficken

Kleidungsstücke lagen auf dem Boden verstreut – Bluejeans, T-Shirts, ein Spitzenhöschen.

Ich erinnerte mich lückenhaft: der rote TransAm, Key, das Mädchen an meiner Seite – Angelique, ein Nachtclub mit einer furchtbar traurigen Sängerin, Gelächter – ich hatte, glaube ich, gefragt, ob es schneit – ich hatte Schnee gespürt, Schnee und eine laue Sommernacht, ein verrücktes Gefühl auf der Haut, Geknutsche auf dem Rücksitz, eine Erklärung zur Abschaffung der Zeit, dann Schluß.

Ich lüftete vorsichtig die Bettdecke.

Von Kopf bis Fuß streifenlos nackt und weiß, streckte mir ein Wesen aus Traum und roten Haaren seinen kleinen, runden Arsch entgegen.

Für einen Moment blieb mir der Atem weg.

So was Schönes hatte ich nicht mehr gesehen seit ... So was Schönes hatte ich lange nicht mehr gesehen. Hätte ich nicht im Bett gelegen, ich wäre auf die Knie gefallen. Denn das Schönste ist nichts / als des Schrecklichen Anfang, den wir noch gerade ertragen / und wir bewundern es so, weil es gelassen verschmäht, / uns zu zerstören. Ein jeder Engel ist schrecklich ... o Gott, Rilke am Morgen.

Ich hatte einen Engel getroffen. Ich hatte einen Engel gefickt. Hatte ich?

Auch Engel haben eine Verdauung.

Ich ließ die Decke fallen und drückte mich an sie. Blöd vor Glück schlief ich wieder ein.

»Wer bist du, wie heißt du, wie kommt es, daß ich nackt bin, und warum ist noch kein Frühstück fertig?«

Ich blinzelte in den blauen Himmel. Das Fenster stand weit offen, eine Hummel durchbrummte den Ausschnitt Welt, den ich überblicken konnte.

»He, ich rede mit Ihnen!«

Ich wurde in den Oberarm geknufft.

Es war keine Hand, die mich knuffte.

Ich packte zu und hielt einen weißen Fuß mit dunkelrot lackierten Zehennägeln in der Hand.

Ich drehte mich zur Seite.

Angelique saß mit dem Rücken an die Wand gelehnt, den anderen Fuß an den Schoß gezogen. Die Falte über der Nasenwurzel deutete an, daß sie sich noch nicht sicher war, was sie von der Aktion zu halten hatte.

Ein Sonnenstrahl lag auf ihren Brüsten. Die dunkle Haut der Brustwarzen glänzte samtig, um ihr linkes Nasenloch zog sich ein Ring von verkrustetem Blut.

Weiß wie Schnee – rot wie Blut. Es war ein beeindruckender Anblick. Ihr Blick kam von oben herab.

Ich streckte die Hand aus. Nur nichts vorübergehen lassen, nur nicht aus Verlegenheit unverbindlich werden.

Vorsichtig nahm ich ihren Fuß in den Mund. Der kleine Zeh war noch leblos, der zweite zuckte schon. Der große gab sich hin. Die Haut über der Wade rieb sich an meine Zunge, in der Kniekehle roch es nach einem sonnigen Herbsttag. Ohne daß ich noch was dazutun mußte, rutschte mir Angelique langsam in den Mund. Der Flaum ihres Schoßes kitzelte mich, meine Zunge massierte die polierte Schwelle zwischen Hintern und Schoß. Sie seufzte auf und vergrub ihre Hände in meinen Haaren. Ich schmeckte Marzipan, die Gewürze der Anden, mythische Tränken.

Mein Schwanz fand den Weg allein. Sie stützte sich mit den Händen auf meine Brust und ließ ihr Becken über mir kreisen. Ihr Arsch war exakt für meine Hände gemacht.

»Als ich vorhin neben dir aufgewacht bin, habe ich überlegt, ob ich mich nicht lieber anziehen und einfach gehen sollte.«

»Warum hast du es nicht gemacht?«

»Ich hatte das Gefühl, daß wir noch nicht miteinander fertig sind.«

»Sind wir's jetzt?«

Angelique packte mich an den Eiern und gab mir einen Kuß auf den Hals.

Es gehört nicht viel zum Glück – ein Fenster voll blauen Himmels, Plätscherbeat aus dem Radio und der Geruch von Mösensaft und Sperma, der träge über dem Bett liegt. Frühstück kommt bei dieser Definition von Glück nicht vor. Trotz des Einsatzes beider Hände gelang es mir nicht, Angelique von meiner Auslegung zu überzeugen.

Obwohl ich lieber noch eine Weile an ihrem feuchten Hintern gelegen hätte, erklärte ich mich bereit, zum Bäcker zu gehen.

Ich sammelte die Geldstücke ein, die beim Ausziehen aus den Taschen gefallen waren, und zog mir die Jeans über. Mein Shirt hatte ein paar Flecken abgekriegt, was ich sehr verwegen fand.

»Eisenkolb!« rief Angelique mir nach, als ich schon aus dem Zimmer war.

Ich steckte den Kopf durch die Tür: »Was ist?«

Sie lag auf dem Bauch, ein Kissen unter der Brust, die Beine gespreizt. Auf ihrem Arsch lag Sonne, auf ihrer Stirn eine dicke Querfalte. »Wie war das heute nacht... hab ich mich irgendwie schlecht benommen?«

Ich mußte lachen.

Angelique versteckte den Kopf im Kissen und knurrte, was es da wohl zu lachen gäbe.

»Nichts«, sagte ich, »gar nichts. Ich freu mich nur... du brauchst dir keine Gedanken zu machen...« Ich ging zum Bett zurück und knutschte sie heftig auf den Mund.

»Bitte beeile dich«, sagte sie, als ich wieder an der Tür stand, »sonst bin ich vielleicht nicht mehr da.«

Das sagte sie leiser, und ich tat, als hätte ich es nicht gehört.

Der Duft von frisch gebackenem Brot in meiner Nase mischte sich mit dem Geruch nach Möse, der wie ein Parfüm an mir hing. Die Mischung machte mich so geil, daß es mir schwerfiel zu sprechen. Eine Hausfrau, die beim Metzger unter ihrem getupften Baumwollkleid nichts weiter trägt als einen schwarzen Dildo, muß sich ähnlich fühlen.

Entweder war es meine gereizte Fantasie, oder meine Erregung übertrug sich auf die Verkäuferin – ihre Bewegungen wurden spielerischer, ihre Hüften beweglicher.

Im Schatten einer Cumuluswolke trat ich auf die Straße, ein großes Paket Kuchen in den Händen.

Auf der gegenüberliegenden Straßenseite luden Männer Schweinehälften aus einem Kühlwagen und trugen sie in eine Toreinfahrt.

Ich lief zum Gemüseladen, um frisches Obst zu kaufen.

Als ich um die Ecke bog, stand eine gaffende Menge vor dem Laden des Gemüsetürken. Polizei war auch da. Schon wieder Film, war der erste Gedanke, Raubüberfall der zweite. Ich beschleunigte meinen Schritt.

Die Fläche unter der orangen Markise war wie eine Baustelle mit rot-weiß gestreiftem Band abgesperrt. Vor dem Band drängte sich das Volk des späten Morgens: Hausfrauen und Rentner, ein Postbote, ein Kurier, Bauarbeiter, Besitzer und Verkäufer aus den umliegenden Geschäften. Ein Streifenpolizist bewachte die Absperrung.

Polizisten in Zivil schritten im Laden auf und ab, sprachen miteinander und rauchten filterlose Zigaretten.

Mein Kuchenpaket mit den Ellbogen schützend, fragte ich, was los sei.

»Selbstmord«, sagte eine dünnlippige Frau links von mir.

»Raubüberfall«, sagte ein Rentner rechts.

Ein dicker junger Mann in blauer Arbeitskleidung, einer Schmiege in der Brusttasche und einer Büchse Bier in der Hand lachte höhnisch. »Det war die türkische Mafia, Schutzjelderpressung, weeß jeder... entweder du zahlst, oder...« Seine rötlich behaarte Hand zuckte über den Hals.

Die um ihn Stehenden schwiegen.

»Jemandem was passiert?« wurde von hinten gefragt.

»Niemand«, antwortete der Mann im blauen Arbeitsanzug, »nur een Türje tot.«

Der Polizist hinter der Absperrung unterdrückte ein Schmunzeln. Mit vor dem Bauch verschränkten Händen und gewichtig wippender Antenne seines Walkie-talkies ging er auf den Mann mit der Bierbüchse zu: »Halten Sie bitte Abstand.«

»Allet klar, Herr Wachtmeester... aber nu sagen se doch mal, wat hier eijentlich abjeloofen is...«

Der Polizist vergewisserte sich, ob keiner von denen in Zivil hinter ihm stand. »Der Türke hat seine Frau erschossen.«

Die Hälse der Umstehenden wurden ein Stück länger.

»Hat man ihn erwischt?«

»So einer geht uns nicht durch die Lappen.« Der Polizist wippte auf und ab. Er stand direkt neben einer Kiste Avocados. Die Avocados glänzten verlockend und üppig im Halbschatten. Mir lief das Wasser im Mund zusammen.

Warum erschießt ein Türke seine Frau?

»Wenn se ihm nich mehr paßt, dann kooft er eben ne andre – det is bei denen jar keen Problem.«

»Wegen die Ehre, die hams doch so mit die Ehre...«

Ich schob meine linke Hand vorsichtig vor. Als der Bulle sich nach seinen Vorgesetzten umschaute, packte ich zu.

»Die sind anders«, erklärte der Polizist den Umstehenden, »die haben ein ganz anderes Temperament...«

Das wurde allgemein bestätigt.

Die Avocado in der Tasche meines Jacketts, den Kuchen in den Händen, lief ich zurück zu Angelique.

Ich öffnete die Tür so leise ich es vermochte.

Im Schneidersitz saß Angelique nackt im Bett: »Du hast lange gebraucht.«

Ich stellte das Paket neben das Bett, ließ die Avocado aus der Tasche in meine rechte Hand gleiten. »Dafür hab ich dir was mitgebracht.«

Als ich sie umarmte, fiel die warme, schwere Frucht aus meiner Hand zwischen ihren Brüsten hindurch in ihren Schoß. Sie lag dort wie ein überdimensionales grünes Ei.

Angelique erwiderte meine Umarmung nicht. Sie zeigte wortlos auf die Bilder, die über das ganze Bett verstreut lagen.

Ich nahm eins, dann noch eins.

Statt Angelique zu küssen, wie es meine feste Absicht gewesen war, kroch ich über das Bett und sammelte die Fotos ein – Schwarzweißabzüge im Standardformat. »Wo hast du die her?« wollte ich wissen.

Angelique zeigte auf das Bücherregal. »Ich hab ein Buch herausgezogen und dabei sind sie auf den Fußboden gefallen... okay, ich hab ein bißchen gestöbert... Wenn du nicht willst, daß sie jemand findet, dann mußt du sie besser verstecken oder darfst niemanden allein lassen...« Mit durchgedrückten Schultern saß sie da, eine Decke im Schoß, als wäre es ihr plötzlich peinlich, nackt zu sein.

Offene Ärsche ragten in die Kamera, verschwitzte, bleiche Gesichter. Dickstämmige Männer rammten ihre Schwänze in schemenhafte Wesen. Wie ein Gott stand ein Mann mit

Maske im Hintergrund, eine Frau lag blutbesudelt auf einem Tisch – es war das Blut von einem Tier, das als schwarzer Schatten von oben herab in die Szenerie hing – wenn es ein Oben gab. Der Raum ähnelte einem Schlachthof, vielleicht einer Kirche – genau war das nicht zu erkennen. Die Aufnahmen waren mit Blitz gemacht, die Qualität schlecht, an den Rändern war nur noch schwarz.

Ich spürte Angeliques Blick und fühlte mich nicht wohl in meiner Haut.

»Was sind das für Fotos?« fragte ich, ahnend, daß sie mir keine Antwort geben konnte.

»Das solltest du doch wohl besser wissen!«

Ich schüttelte den Kopf. »Ich weiß es nicht, ich seh die Fotos zum erstenmal ...«

»Hältst du mich für blöd?« Angeliques Augen funkelten. »Ich finde diese Fotos in einem deiner Bücher, und du willst mir erzählen, du hättest sie noch nie gesehen?«

»Genauso isses«, sagte ich, »das sind nicht meine Bücher, und das ist auch nicht meine Wohnung. Alles nur geborgt ... hab ich dir das gestern nacht nicht erzählt?«

»Du hast mir gar nichts erzählt.«

Angelique zog sich die Decke über die Schultern und schaute in der Erwartung zur Tür, daß der Besitzer der Wohnung jeden Moment eintreten und eine Erklärung fordern würde.

»Du brauchst dich nicht zu verstecken ... die Wohnung gehört Georg ... Georg ist ein Freund von mir ... er ist momentan in Brasilien, für ein halbes Jahr, vielleicht länger. Solange wohne ich hier.«

»Ich weiß nicht«, sagte Angelique, »ich weiß nicht.« Sie wirkte stark beunruhigt.

Auf einem der Fotos war ein Mann zu erkennen, der mit einem Schwert auf einen hängenden Tierleib einhieb. Ein Schaf vielleicht, vielleicht eine Ziege. Die Form des Schwertes kannte ich. Es war ein Samuraischwert.

Genauso ein Schwert besaß Georg. Er hatte es von der Japanreise mitgebracht, von der auch die Badetabletten stammten, und manchmal holte er das Schwert heraus und meditierte über der Klinge, was irgendwas mit Zen oder einer seiner Spielarten zu tun hatte.

Ich scheuchte Angelique vom Bett, die das mit distanzierter Höflichkeit über sich ergehen ließ.

Das Samuraischwert lag, in ein großes, weißes Tuch geschlagen, im Bettkasten. Als ich die Hülle vom Stahl zog, warf die Klinge einen hellen Reflex auf die Wand. Sah man genau hin, konnte man auf dem von Schweiß und Talk gegerbten Lederband, mit dem der Griff umschlungen war, dunkle Flecken erkennen.

Eine Gänsehaut kroch mir den Arm hinauf. Mein lieber Georg, dachte ich, mein lieber Schwan.

Angelique schaute aufmerksam auf das Bild und dann auf das Schwert in meiner Hand. »Ist das das Schwert?«

»Vermutlich.«

Sie zuckte mit den Schultern. »Komische Leute, die du kennst... der mit dem Ami-Schlitten, der den Django macht und nichts sagt – der ist mir nicht geheuer, auch nicht das Blut an meiner Nase... du hast mir nichts davon erzählt... nur daß es völlig normal wäre... daß es alle täten... aber meine Nase hat geblutet, und jetzt diese Bilder, das Ding und ein geheimnisvoller Georg...«

Ich hielt ihr das Schwert hin.

Das Haar offen, das Bettuch wie ein Peplon um die Schultern, die Klinge weit von sich haltend, war sie eine beunruhigend schöne Amazone.

Das Schwert fiel zu Boden.

»Es ist unheimlich... macht mir angst...«

»Von Stahl bekommt niemand eine Blutvergiftung.«

Ich wickelte das Schwert wieder in das Laken, legte es auf das Bücherregal und sagte, daß wir es ganz schnell vergessen wollten.

Wir lagen auf dem Bett, stopften im Takt der Musik Kuchen und Negerküsse in uns hinein, und nachdem Angelique zum drittenmal nach meinem Vorleben gefragt hatte, erzählte ich zur Ablenkung Georgs Lieblingsgeschichte: Ein chinesischer Philosoph beschließt eines Tages, sein Leben nur noch auf dem Kopf stehend zu verbringen. Von seinen Schülern nach dem Grund befragt, erklärt er ihnen, daß die Welt auf dem Kopf stehend eine ganz andere sei. Die Schüler sind begeistert und tun es ihm nach, alle verspottend, die noch auf ihren Füßen stehen.

Eines Morgens tritt ihnen der Meister wieder auf den Füßen entgegen. Die Schüler sind entsetzt und verlangen eine Erklärung. Der Meister spricht: Hört ihr Knaben, der Wahrheit gibt es nur eine. Aber Meinungen, in Worte und Schriften gekleidet, gibt es viele, und eine jede von ihnen ist gleichviel richtig und falsch.

»Ökophilosophie und dann diese Bilder ... höchst mysteriös ... deine Freunde.«

Angelique fuhr mir mit der Avocado über das Gesicht, dann die Brust entlang und preßte sie schließlich an meinen Schwanz, der sich unter dem Stoff regte.

»Ganz gesund klingt das alles nicht ... wenn ich mich an die Nacht erinnere ... soweit ich mich erinnern kann ... für eine erste Nacht war das auch nicht ganz normal ... du wolltest, daß ich mich auf dein Gesicht setze ...«

»Hast du es getan?«

»Na, hör mal, ich hatte dich gerade erst kennengelernt ... da wird höchstens ein bißchen gevögelt ... außerdem bist du gleich nach der Frage eingeschlafen.«

»Oh«, sagte ich. »Das vorhin, war das auch nur ein bißchen gevögelt?«

Sie hielt die Avocado an die Lippen. »Ein bißchen mehr«, nuschelte sie.

»Würdest du es jetzt tun?« Ich ließ mich auf den Rücken fallen.

Angelique beugte sich über mich, sah mir in die Augen. In den ihren war ein braunes Leuchten, das unter den sich schließenden Lidern weiterzuglimmen schien. Ganz langsam rückte sie zu mir auf, grätschte ihre weißen, muskulösen Schenkel und ließ ihren Arsch langsam auf meinen Mund sinken.

Während ihre Schenkel meine Ohren schlossen, meine Zunge in sie eindrang, glitten meine Gedanken ab ... Die letzten Tage waren wie grelle Blitze auf meinen Netzhäuten, waren tiefes, endloses Fallen. Angeliques Hintern war der Halt, in den ich meine Hände krallte und der in dem Rhythmus zuckte, in dem sie ihre rosa Knospe an meiner Zunge rieb.

Während ihr Körper sich spannte, ihre Muskeln härter wurden, saugte ihre Möse alles Chaos aus meinem Kopf.

Mit einem tiefen, gurgelnden Schrei riß sich Angelique aus meinen Händen. Das cremige Fruchtfleisch der Avocado klatschte mir ins Gesicht und ihm nach sank sie schwer und heiß über mir zusammen.

Noch immer hielt sie die Frucht in den Zähnen, in die sie sich verbissen hatte.

Im nächsten Moment drehte sie sich herum und öffnete meine Hose. Mein Schwanz sprang ihr heiß und hart entgegen. Während sie mich ihre Zähne spüren ließ, sah ich Bäume, fette Wiesen und träumte einen amerikanischen Traum, in dem ich auf einer endlosen Straße immer schneller und schneller dahinglitt, bis die Sonne über mir explodierte.

Dann war Ruhe.

»Hab ich dir schon erzählt, daß ich heut morgen für dich zum Dieb geworden bin ... die Avocado war geklaut ... unter Aufsicht der Polizei ...« Wir lagen aneinander geschmiegt, die Hummel war wieder da, und die Fotos hatten nichts mehr mit uns zu tun.

Von dem Mord erzählte ich nichts.

Angelique war begeistert. »O ja, laß uns was klauen gehen ... wie Bonnie und Clyde ... das wird aufregend ... los komm, mach schon ...«

Statt bei TEMPO nach dem politischen Willen der Bundesbürger zu forschen, saßen Angelique und ich auf den Treppen vor Hagan Dazz' und schaufelten aus großen Butterwaffeln dickes, süßes Eis in uns hinein. Es war so klebrig, daß es gar nicht an den Zähnen fror.

»Was soll das?« hatte Angelique gesagt, »die Party war so was wie gesellschaftliche Verpflichtung, da ist Ausfall eingeplant ... außerdem haben wir uns kennengelernt, was nicht einmalig ist, aber doch bemerkenswert. Oder was?«

»Aber hallo.« Ich war sogar bereit, es einmalig zu finden, wollte aber nicht aufdringlich sein. Ich nickte.

Der Beton unterm Hintern war warm und mein Vanilleeis mit Mandeln hell wie die Sonne. Auch die vorbeilaufenden Menschen waren hell und selbst der Asphalt auf der Straße wirkte ausgebleicht.

Ich schaute zu Angelique. Sie war wunderschön. Ihr Haar hatte sie zu einem klitzekleinen Pferdeschwanz zusammengebunden, kleine Schweißperlen standen ihr auf der Stirn. Sie hatte die Zunge vorgestreckt, ein Stück Schokolade schmolz dahin. Sie schaute mich kurz aus den Augenwinkeln an, konzentrierte sich dann wieder ganz auf den kleinen, braunen Strom, der ihr in den Mund rann.

Ihre Lippen waren wie bei einem Kind mit Eis verschmiert, ihre Brustwarzen stachen durch den dünnen Stoff der Bluse. Ich hatte noch immer das Weiß ihrer Schenkel vor Augen, meine Hände und meine Zunge erinnerten sich an jeden Zentimeter von ihr.

Schenkel, Beine auch um uns herum.

Diesen Sommer waren die Röcke wieder ultrakurz. Dazu

das Geklapper von Absätzen, Mädchenärsche in Radfahrerhosen. Die Modemenschen hatten sich was dabei gedacht.

Ich stellte mir vor, wie Fäden dunklen Schokoladeneises über ihre helle Haut flossen, sich in ihrem krausen Haar fingen. Dazwischen das zuckende Rot, eine Marascino-Kirsche zum Eingang in die Schlaraffengrotte.

Ich wollte sie. Ich beugte mich zu ihr. Ich verstand nicht, wie ich es solange ohne Frau ausgehalten hatte.

Klauen ist nicht einfach.

Von der These »Diebstahl als Ersatzbefriedigung« wollte Angelique nichts wissen. Erstens hielt sie einfach nichts davon und zweitens, sagte sie, fühle sie sich alles andere als unbefriedigt.

Angelique wollte nur, was sie brauchte. Kein Hamstersyndrom, sondern offene, ehrliche Besitzgier.

Wir hatten uns in den großen Kaufhäusern durch ein Gebirge von Röcken, Hosen und Kleidern gewühlt, von Young- bis Designer Collection, bis ihr einfiel, daß sie das Ziel aller Träume vor einiger Zeit in einem Schaufenster am Ku'damm, Ecke Joachimsthaler gesehen hatte.

Es hing noch immer im Schaufenster von Stefanel, und Angelique klatschte vor Begeisterung in die Hände.

Der Laden war vollgestopft wie beim Sommerschlußverkauf.

Es war Sommerschlußverkauf.

Angelique nahm meine Hand und blinzelte mir zu. »Günstige Bedingungen.« Wir zwängten uns an frischgewaschen riechenden Rockabillymädchen und breithüftigen Polinnen vorbei. Eine völlig genervte Verkäuferin mit verwischtem Make-up schob Angelique die Bluse zur Anprobe über den Ladentisch.

Sie war aus weichem fließenden Stoff mit hellen Punkten

und einem strengen Kragen. Die Knöpfe waren so dicht gesetzt wie die Häkchen eines Korsetts. Ich ahnte ihre Brüste unter dem schimmernden Stoff. Kam gut.

Ich sagte es ihr.

Angelique biß mich in die Kinnspitze, und ich brummte vor Freude wie ein gestreichelter Teddybär.

Bei den Ankleidekabinen hatten wir keine Chance. Freundinnen reichten Freundinnen hinter den Türen immer neue Kleidungsstücke. Eine Clique kleiner Türkinnen hatte ein ganzes Warenlager aufgebaut. Die BEASTIE BOYS grölten vom Band, daß sie Pussy wollten.

Es war alles voll davon.

Angelique zog die Augenbrauen hoch und zack – schon war sie am Ausgang: Die Sicherungsanlage bimmelte wie bescheuert.

Ich mußte lachen. Scheiße.

Wie ein Blitz schoß die Verkäuferin hinter dem Ladentisch hervor. Für ihr müdes Gesicht hatte sie erstaunlich flinke Beine.

Angelique machte den entscheidenden Fehler, als sie sich nicht einfach in den Passantenstrom einreihte, sondern zu rennen begann.

Die Verkäuferin, nicht größer als sie und bestimmt auch nicht älter, packte sie am Arm. Das war ein komisches Bild, weil in Angeliques Blick Panik war und im Gesicht der Verkäuferin auch.

Die beiden Mädchen kamen zurück in den Laden.

Ich nahm Angelique in die Arme. »Ätsch, verloren.«

»Sie gehören dazu?«

»Klar, ich habe die Wette gewonnen.« Ich lachte.

Auch Angelique begann zu lachen und dann lachte die Verkäuferin ebenfalls. Sie schien erleichtert darüber, daß wir sie nicht zur Schnecke machten und die Tragik des Vorfalles sich in Grenzen hielt.

Ich fühlte mich sehr lässig mit Angelique im Arm. Ein

bißchen wie Mickey Rourke, als er noch nicht versuchte, der ekligste Typ von Hollywood zu sein. »Und wer die Wette gewinnt, der zahlt. Ich zahle die Bluse und dann ist gut, okay?« Ich hielt der Verkäuferin einen Packen Geld unter die Nase. Alles Geld, das mir Schlitzer in den letzten zwei Tagen zugesteckt hatte.

Die Verkäuferin lachte noch immer und schüttelte den Kopf: »Das geht nicht, der Chef ist schon alarmiert... das müssen wir mit ihm klären.«

Der Chef erschien auf Stichwort.

Es war ein kleiner, pummeliger junger Mann mit einem Aknegesicht, einem goldenen Gliederarmband am Handgelenk und einem Anzug, dessen Schnitt für ihn eine Nummer zu groß war. Unsere gute Laune verwirrte ihn.

»Das wird Ihnen schon noch vergehen«, sagte er, was unsere Heiterkeit noch erheblich steigerte.

Unsicher glotzte er auf das Geld in meiner Hand und Angeliques Bein.

»Wie geht es nun weiter?« wollte ich wissen und zappelte hin und her. Angelique war gerade dabei, mir ihre Hand von hinten durch die Beine zu schieben.

Der kleine Dicke machte auf hart. »Kommen Sie mit in mein Büro.« Die Tür zum Büro war leider in der Aufregung ins Schloß gefallen, der Vierkantschlüssel lag drinnen auf dem Schreibtisch.

»Warten Sie hier!« befahl er und machte sich auf die Suche nach einem Ersatzschlüssel.

Wir bewiesen eine Weile guten Willen und standen dumm rum. Als Angelique bei der Gelegenheit und zur Strafe noch ein Shirt einstecken wollte, wovon ich sie aber abhalten konnte, wurde uns die Situation zu blöd, und wir schlenderten aus dem Laden. Als es hinter uns brüllte, waren wir gerade auf dem Bürgersteig.

Der Dicke stand mit hochrotem Kopf da und fluchte auf italienisch. In der Hand schwenkte er den Schlüssel.

Angelique zeigte ihm den Mittelfinger, bevor wir vorsichtshalber doch rannten.

Schwer atmend standen wir vor dem Zeitungskiosk der U-Bahn-Station. Ich spürte den Schweiß auf Angeliques Rücken. Er machte mir die Hände naß. Ich drückte mich an sie und schmeckte das Salz an ihrem Halsansatz. Ihre Stimme war vor Erregung ganz rauh: »Das war toll... du warst toll... ein Abenteuer, wir haben zusammen ein Abenteuer erlebt... und es war noch keine Minute langweilig... Langeweile ist übel... sehr übel...«

Ich glaube, ich verstand, was sie meinte. »So übel wie das heulende Elend?«

Angelique zuckte die Schulter. »Ich weiß nicht... Langeweile ist, wenn du plötzlich denkst, daß es dich gar nicht gibt... und du findest auch keinen Grund, warum es dich geben sollte und niemand ist da und alles Wiederholung...«

Ich spürte ihr Schambein an meinem Unterleib, Schweiß tropfte mir aus der Achselhöhle, ich hatte den Geschmack ihres Salzes auf der Zunge. »Was machst du dagegen... gegen Langeweile?«

»Ich weiß nicht, ich gehe um die Häuser, stelle mich an eine Bar, in einen Club und warte, daß sich wer daneben stellt, tanze was vor... kommt immer einer... dann sehe ich zu, wie er sich aufbläst...«

»Und dann?«

»Dann lasse ich ihn fliegen... manchmal, manchmal nicht, aber das ist vorbei, war früher... ich habe mich seit gestern noch keine Minute mit dir gelangweilt...«

»Früher war vorgestern?«

»Gestern.«

»Scheiße.«

»Nein«, Angelique preßte sich an mich, »das braucht dich nicht... es ist vorbei, wirklich.«

»Es ist nicht wegen dir«, sagte ich und machte mich los.

Auf der Titelseite von »BILD« war das Foto eines Mannes abgebildet. MAFIA-MORDE IN BERLIN, stand darüber.

Ich kannte den Mann. Es war der blonde Kerl aus dem Italiener, bei dem ich Schlitzer zum ersten Mal getroffen hatte.

Er war tot.

Mir wurde schwarz vor Augen, dann rot. Ich dachte an das Kinderspiel mit Angelique eben, an das Koks und das Geld, das ich noch immer in der Tasche hatte, und daran, daß ich bald zu Schlitzer mußte. Was wäre passiert, was wird passieren, wenn ... es war besser, nicht daran zu denken.

»Was ist los mit dir?« fragte Angelique, »du kannst mir doch nicht – ich meine, wir kennen uns seit gestern ... He, bist du okay?«

Ich spürte, wie mein Kreislauf wieder auf normale Touren kam. »Ja«, sagte ich. »Ich bin okay.«

Manchmal denkt man, das ist alles ein Micky-Maus-Spiel und es sieht meistens auch so aus, aber es ist keins ... ganz im Gegenteil.

Ich dachte, es wäre besser, Angelique nichts davon zu erzählen.

Ku'damm, Ecke Joachimstaler – hinter mir das rot-weiße Denkmal vergangener Polizeischlachten, Nachmittagssonne im Lack der parkenden Wagen und irgendwo im Gewühl wippte Angeliques Hintern so unverbindlich und fremd, daß ich sie bald nicht mehr von anderen Mädchen unterscheiden konnte.

Ich trat an den Zigarettenkiosk und kaufte mir für ein paar Mark eine Ray-Ban-Kopie gegen das Sonnenlicht und die »BILD«-Zeitung.

Angestellte hatten die Leiche sorgsam verschnürt in

einem Teppich-Abholmarkt gefunden, in dem er Geschäftsführer gewesen war. Die Gerichtsmediziner zählten 32 Einstiche. Noch tappte die Polizei im dunkeln, »BILD« vermutete Rivalität und Drogen.

Es gehörte nicht viel Intuition dazu zu spüren, daß ich da mit drinhing, wenn auch nur als die letzte Randfigur – trotzdem.

Früher Abend war es, und die Hitze des Tages lag wie eine Warmhalteglocke über der Stadt. Alle Polizisten hatten eine Erektion, vierzigjährige Boutiquebesitzerinnen ließen die Titten raushängen, die Autofahrer spielten Neapel, und jeder Passant hatte irgendwas in unerträglicher Lautstärke mitzuteilen.

In der Hitze war die Rush-hour zu etwas Breiigem zerlaufen, das sich über den ganzen Tag ergoß, aber jetzt an konvulsivischer Heftigkeit gewann.

Seit Angelique weg war, fühlte ich mich alt und matschig, als ob ein verspäteter Kater mir mitteilen wollte, daß er sich noch immer zu meinen Freunden zählte.

Bei einer etwas aus der Ordnung geratenen, aber sehr freundlichen Bedienung in einem kleinen Café bestellte ich einen Cappucino, ein Glas Wasser und zog mich aufs Klo zurück.

Als ich Keys Tüte wieder in die Tasche meines karierten Jacketts steckte, fühlte ich mich besser.

Still und inbrünstig starrte ich in den schmelzenden Cappucino-Schaum und kam zu der Überzeugung, daß ich mich unbedingt aus dem Dunstkreis von Schlitzer und Key abseilen mußte, bevor mir die ganze Sache über den Kopf wuchs. Heute noch, dann, sofort, hämmerte ich mir ein, als sich ein kleiner, molliger Schatten auf mich legte.

Wir kannten uns lange genug, um uns am Schatten zu erkennen.

»Na, auf Sightseeing-Tour?« Karen strich mir mit den Fingern durch die Haare. »Du wirkst ein bißchen angespannt... fehlt dir dein Balkon, bekommen dir die Leute nicht, leidest du, oder hast du gerade wieder dein Künstlertum entdeckt?«

Es ging ihr gut.

Es freut einen, wenn der intimste Feind sonnenwarm und mit blondem Strubbelhaar vor einem steht und einem lachend mit dem Holzhammer die wunden Punkte abklopft.

»Ich hatte Sehnsucht nach dir, deshalb habe ich mich hierher gesetzt und auf dich gewartet. Setz dich doch!«

Karen hatte keine Zeit. Sie mußte noch ein paar Dinge für den Set besorgen, und ihre Chefin saß an der Bar.

Die Chefin hatte hohe Wangenknochen, mandelförmige Augen und einen Pferdeschwanz, der ihr bis zu den Lendenwirbeln reichte. Sie sah sehr umgänglich aus.

»Soll ich mich mit zu euch setzen? Wir könnten ein bißchen plaudern, ich erzähle euch ein paar Witze, du weißt, daß ich Witze gut erzählen kann: Trifft ein Mann seinen besten Freund im Bett seiner Frau...«

»Laß mal«, sagte Karen. Sie wollte wissen, ob ich in den letzten Tagen im Studio angerufen hätte. Da waren einige Anrufe gewesen, aber kein Name. »Ich dachte, du wärst das, weil ich die letzten Tage nicht zu Hause war... ich habe versucht anzurufen, dich aber nicht erreicht... wir sind nachts alle draußen in den Studios geblieben, das war angenehm, nicht so heiß, auch ein Swimmingpool... das verstehst du doch?!«

Das war schon zum Piepen. Ich war gerade dabei, zum Chronisten der Berliner Unterwelt zu werden, war in einen Mord verwickelt, hatte die Nase voller Puderzucker und den Arsch auf Grundeis, und Karen hatte noch immer nicht gemerkt, daß ich nicht mehr da war.

»Mal ehrlich«, sagte ich, »nachts im Pool und nur die Sterne... du kannst mich mal müde machen...«

Karen lachte. »Zick nicht rum... soll ich deine Rechnung mitbezahlen?«

Das war eine liebgewonnene Gewohnheit.

Nachdem Karen sich wieder an den Tresen verdrückt hatte, bestellte ich bei der sehr entgegenkommenden Kellnerin noch schnell einen Calvados. Die Nase in den Schwenker gedrückt, erklärte ich ihr, daß die Rechnung von der kleinen, dicken Frau mit dem schiefgegangenen Haarschnitt übernommen würde.

»Und das geht in Ordnung?« Ihre Frage hatte was Anzügliches, auch wenn sie nett gemeint war.

»Worauf du dich verlassen kannst«, knurrte ich. »Ich bin nämlich ein Papagallo, oder wie diese italienischen Hähne heißen.«

Bevor ich mit allen Gästen in ein Gespräch verwickelt war, machte ich mich lieber davon. Am Tresen klopfte ich Karen freundlich auf den dicken Hintern und legte der Requisitenchefin beide Hände auf die Schultern »Du ganz nackisch und ich obendrauf, das muß ein Traum sein...«

Ich machte, daß ich raus kam.

Als die schwere Eichentür das Tageslicht hinter mir abschnitt, hätte ich noch abhauen, mich verstecken, den Namen wechseln, untertauchen, als Kellner verkleiden können.

Ich tat es nicht.

Mit einem flauen Gefühl im Magen und dem Geruch von Lagerfeld in der Nase, stapfte ich die Stufen hinauf.

Der Tamile öffnete und verwies mich nach hinten.

Schlitzer stand mit dem Rücken zu mir am Fenster und trommelte mit den Fingerspitzen gegen die Scheibe. Prllam tamtam tamtam.

Er brachte es erst zu Ende, bevor er sich zu mir drehte.

Von hinten hatte er beeindruckend ausgesehen. Von vorn war er nur alt. Die Weste hing ihm über dem Bauch, die obersten Knöpfe seines Hemdes standen offen. Er war unrasiert, die Augen blutunterlaufen. In der Hand hielt er einen überdimensionalen Cognacschwenker.

»Was glotzt du mich so an, Eisenkolb ... hast du noch nie einen alten Mann gesehen?« Schlitzer ließ sich auf den einzigen Stuhl fallen, der am Tisch stand.

Ich legte die Zeitung auf den Tisch. Das Bild des Toten sprang nach oben.

Das war ein Zufall, kein Zeichen.

Schlitzer starrte auf die Zeitung, knurrte: »Willst du, daß ich dich zur Leichenfeier einlade, oder was? Das scheint hier keine gute Adresse mehr zu sein ... plötzlich hauen alle ab ... lassen sich die Pelle aufritzen, als wären sie Currywürste ... dachten wohl, sie wären jenseits von gut und böse ... niemand ist eine Garantie ... wer nicht Albert Schweitzer ist, muß vorsichtig sein, wenn er im Dschungel wohnt ... war ein netter Kerl, ein bißchen blöd, aber hat sich Mühe gegeben, zuviel Mühe ...« Er beugte sich nach vorn und holte mit einigem Geklapper eine Cognacflasche unter dem Tisch hervor, die schon zu zwei Dritteln geleert war. Während er sich das letzte Drittel in seinen Eimer aus geschliffenem Kristall goß, redete er weiter. »Weißt du, die Liberalen haben es momentan schwer ... überall Radikale, die alles kaputthauen und hinterher sagen sie, es wäre für ein Ideal ... Sie haben ihn abgestochen und wie ein Paket verschnürt ... hätte nur noch gefehlt, daß sie ihn an meine Adresse schicken ... aber das war nicht nötig, solche Post kommt an ... kommt immer an ... was man nicht wissen will, kommt immer an ... aber was man wissen will ...« Schlitzer starrte mich an, starrte durch mich hindurch. Unvermittelt schlug er mit der Faust auf den Tisch. »Ich will wissen, wo Marta ist ... ich will wissen, wo sie steckt ... ich mach mir Sorgen ... sie ist nicht stark ... wer weiß das schon, wer kennt schon einen andern Menschen ... wenn ihr jemand weh tut ... du weißt natürlich nichts?«

O Scheiße, dachte ich, Key – kannst du mich nicht einmal aus deinen Geschichten raushalten? Ich Trottel hatte auch noch versprochen, den Superagenten zu spielen.

Mit Mühe und Not brachte ich ein ordentliches Schulterzucken zustande.

»Natürlich weißt du nichts ... aber vielleicht kennst du jemanden, der mehr weiß ... es reicht mir für den Anfang, wenn ich weiß, daß es ihr gut geht.«

Obwohl Schlitzer leise gesprochen hatte, trat ihm die Halsschlagader heraus. Er griff zum Schwenker. Als er ihn in einem Zug zur Hälfte geleert hatte, entspannte sich sein Gesicht. »Was willst du von mir, Eisenkolb, Hermann Eisenkolb?«

Meine Stimme klang etwas angeschlagen. »Wir waren verabredet.«

Schlitzer lehnte sich zurück. Er grinste. Es war dieses kleine, miese Grinsen, das ich zum erstenmal gesehen hatte, als er mir beim Italiener den Geldclip abnahm.

Automatisch zog ich den Kopf zwischen die Schultern.

»Eisenkolb ... so was wie dich, so was leistet man sich, wenn man Freizeit hat ... da läßt man sich mal vortanzen, wie ein Clown sich richtiges Leben denkt. Weißt du, ich wäre gern in der Renaissance geboren, da hätte ich hingepaßt ... jaja, auch Betonköppe haben ein Gefühl für Zeit, und Widerspruch ist gut für die Verdauung ... wir hätten bestimmt noch viel Freude miteinander gehabt ... der Mensch wär gerne nicht so roh / allein die Zeiten sind nicht so, sagt Brecht ... überrascht dich das? Natürlich, aber das wirst du nicht zugeben ... macht nichts, ein andermal ... jetzt muß leider wieder geklotzt werden, jemand versucht mir ans Bein zu pissen ... der muß es auch wieder trocken machen.«

Schlitzer zog eine Schublade auf.

Ich bekam einen trockenen Hals.

Jeder weiß aus dem Fernsehen, wie so was endet.

Warum war ich wieder hierher gekommen? Es war ein Irrtum. Ich hatte mit diesen Leuten nichts zu tun. Und niemand war da, der erzählen konnte, daß ich im Stehen gestorben war.

Meine Muskeln spannten sich, und ich bereitete mich innerlich darauf vor, bis zum letzten Atemzug zu betteln.

Schlitzer hielt mir einige Geldscheine hin.

Meine aufrechte Haltung brach zusammen. Nicht, daß ich gern im vierten Stockwerk eines Bürgerhauses in der Lietzenburger erschossen worden wäre. Aber hätte er mich zur Einschüchterung nur einen Moment in den Lauf eines 38er schauen lassen, ich hätte mich ernstgenommen gefühlt.

»Zick nicht rum«, sagte Schlitzer. »Du hast Marta gestern Freude gemacht, und das ist mehr, als die meisten tun. Wenn du jetzt nicht sofort das Geld nimmst, dich bedankst und verschwindest, werde ich es dir in den Hals stecken. Ist das klar?«

Ich nahm das Geld, bedankte mich und verschwand.

Ich war schon aus dem Zimmer, als Schlitzer mich noch mal zurückrief. Der Cognacschwenker in seiner Hand war leer, er endgültig nüchtern. »Wenn dich jemand nach meinem Befinden fragt... weil er keine Zeit hat, es selbst zu tun... dann sag ihm doch bitte, daß sich Alfred Schlitzer gut fühlt, gut wie schon lange nicht mehr... jünger, viel jünger... Versprichst du mir das?«

Pavel trat aus der Tür zum Zimmer nebenan. Um seinen massigen Brustkorb spannte sich ein schwarzer Lederriemen.

»Bin ich soweit, Chef.«

Als ich auf die Straße trat, versprach ich es immer noch.

Ich saß auf dem Rücksitz eines Benz und versuchte das Zittern zwischen Händen und Knien zu koordinieren. Am liebsten hätte ich Schlitzers Geld aus dem Fenster geworfen.

Das hätte auch nichts genützt.

Ich hoffte, daß meine Nebenrolle so klein und jämmerlich gewesen war, daß sie niemandem auffiel. Aber hoffen ist nicht wissen. Der Unterschied reicht, um Millionen mit der Nase im Dreck nach Mekka beten zu lassen.

Selbst wenn ich keine Rolle mehr spielte – da war noch Key.

Um zu wissen, daß Schlitzer Key gegenüber wenig freundschaftliche Gefühle hegte, mußte man nicht Psychologie studiert haben. Jemand hatte ihm eingeredet, daß Key und ich die dicksten Kumpel waren. Es würde einige Mühe kosten, ihm das wieder auszureden.

Angelique wohnte am Ende der Naunynstraße.

Ich stieg am Oranienplatz aus dem Taxi und ging den Rest zu Fuß.

Das Haus, in dem Angelique wohnte, war Kreuzberg vom Feinsten. Im Hof produzierten sich zwei Türkenkids mit Ghettoblastern, für den Kopf gab es ein paar Durchhalteparolen: RAF kämpft für die proletarische Revolution. Auf dem Boden lag jede Menge Müll, an dem man sich den proletarischen Hals brechen konnte.

Ich stapfte an vernagelten und provisorisch reparierten Türen vorbei durch ein nach Urin und Fäulnis riechendes Treppenhaus in den dritten Stock.

»Angelique Nagel« stand mit Schreibmaschine auf einem Papierzettel, der mit vier roten Reißzwecken am braunen Holz befestigt war.

Die Klingel war kaputt. Ich klopfte.

Ein schmales Bett stand an der einen Wand, ein Altarspiegel an der anderen. Über dem Bett hing ein Poster mit einem nackten Mann, vor dem Spiegel war aus zwei Böcken und einer Spanplatte ein Schminktisch aufgebaut. Zwei am

Spiegel festgeklemmte Strahler lieferten das Licht, das das einzige schmale Fenster auch an Sonnentagen nicht liefern konnte. Neben dem Bett lagen drei Bücher, auf dem Fußboden Kleidungsstücke, die aus einem Schrankkoffer quollen.

Wie eine Puppe saß Angelique mit zusammengepreßten Knien auf dem einzigen Stuhl in der Mitte des Zimmers. Vor ihr stand das Telefon, fünf Paar Schuhe lagen um sie herum.

Unter einer schwarzen Lederjacke trug sie Nahkampfkleidung. Ihr Gesicht war für künftige Kriege bemalt.

»Ich habe mit mir gewettet, daß du nicht kommst«, sagte sie.

»Und?«

»Ich habe verloren.«

Johannes Rap

»Warum bist du so nervös?« Angelique prüfte ihr Make-up im Schaufenster eines Elektrogeschäftes. »Ist was nicht in Ordnung?«

»Ich bin nicht nervös«, knurrte ich.

»Erzähl nichts«, sagte Angelique.

»Genau das habe ich vor.«

Kommentarlos verschwand sie in der nächsten Bar.

Ich wartete.

Die in den Straßen gestaute Hitze des Tages hatte das Nachtleben aus den Häusern gelockt. Schwule Pärchen hielten den Bürgersteig besetzt, auf Müllcontainern saßen Becks-Trinker. Mädchen mit tätowierten Oberarmen fixierten die Börsen der Touristen, neunzehnjährige Türken fuhren ihre schweren Mercedes-Limousinen spazieren. Wer von all diesen Leuten war es, den Schlitzer mir auf den Hals gehetzt hatte? Meine Nase registrierte in der Hitze gekochte Hundescheiße, den süßlichen Gestank der Verwesung. Lagerfeld war nicht dabei.

Niemand wollte mir das Herz ausreißen. Ich fand Angelique an den Tresen gelehnt und mit dem Keeper plaudernd.

»Stör ich?«

»Hast du dich wieder beruhigt?« Sie nippte an ihrem Sekt und zeigte mir einen Augenaufschlag, der Rita erblassen ließ.

»Tut mir leid«, ich wischte mir den Nacken trocken und bestellte einen Sidecar, »das ist die Hitze.«

Angelique prostete mir zu. »Was sonst.«

Vom Moloko-Inn in Kreuzberg tranken wir uns nach Schöneberg durch. Unsere Handrücken waren geschmückt mit den Einlaßstempeln der Diskotheken, in den Ohren dröhnten HipHop und New Beat. Überall gestempeltes Fleisch, naß und heiß. Wir lehnten an improvisierten Theken, ließen uns von weiß befrackten Kellnern Cocktails servieren. Mal traf Angelique jemanden, mal ich. Wenn wir Leute von TEMPO sahen, wechselten wir das Lokal. Die Stadt war groß und herrlich, keine Wolke am Himmel und nichts spielte eine Rolle.

Knutschend standen wir auf einer Kanalbrücke. Brackig roch es, und die vom Wind bewegten Zweige der Uferweiden tanzten als Schatten auf dem Wasser.

»Das wirst du nicht tun«, raunte sie mir ins Ohr.

»Doch.«

»Nein«, sie kicherte.

Ich packte sie mit einem Arm, hob sie hoch, und mit der freien Hand zog ich ihr den Slip runter. Statt auf dem Boden, landete er im schwarzgrünen Wasser des Kanals.

Angelique stand mit bloßem Hintern da, schaute dem langsam Richtung Osten treibenden Slip nach und kratzte sich genüßlich die Spalte. »Riech mal.«

Ich küßte sie auf den nackten Hintern.

Wir schleppten uns in die nächste Toreinfahrt.

Tauentzien und Ku'damm waren hell und leer. Die Nutten hatten ihre Arbeitsplätze lange geräumt, die Stadtreinigung fegte leere Pappbecher und Cola-Dosen vom Breitscheidtplatz, die Penner an der Gedächtniskirche träumten von Bahnhofshallen voller Hansa-Pils.

Ich hielt Angeliques Hand in der meinen. Müde, besoffen und ohne Zeitgefühl schlenderten wir Richtung Georgs Bett.

Kantstraße, Ecke Joachimstaler mußte Angelique mal.

Ich erzählte ihr von dem Mann auf der Party: Darf ich zusehen? Wir verkrochen uns in den Schatten des Bahnhof Zoo.

»Ich werde dich wegschwemmen«, sagte Angelique.

Ein bernsteinfarbener Strahl trieb eine leere Cola-Dose vor sich her. Als hätte mich die Flutwelle erfaßt, kreiselte ich um meine Achse und stolperte rückwärts auf den Bürgersteig, direkt in einen dicken Mann hinein.

Er war nur scheinbar dick. Er war breit, fast einen Kopf kleiner als ich, mit schwarzem Kraushaar und einem Hals wie meine beiden Oberschenkel.

Der breite Mann trug einen grauen Seidenanzug, eine dunkle Krawatte und mehrere Ringe an den Fingern.

Der Mann war erregt.

Es konnte nicht sein, daß unser kleiner Zusammenstoß die Ursache dafür war.

Der Mann sah das anders. Um seiner Erregung Luft zu machen, benutzte er seine kurzen, breiten Hände und eine Sprache, die ich nicht verstand.

Das Bellen des Mannes konnte auch eine Frage sein, auf die ich keine Antwort wußte. Er hielt mein linkes Handgelenk gepackt und beutelte mich, als wäre ich aus Stroh.

Ich glaubte noch immer an ein Mißverständnis und versuchte, durch demonstratives Gebeuteltsein seinen Zorn zu beschwichtigen.

Angelique sah die Dinge klarer. Sie schlich sich barfuß mit erhobenem Pumps von hinten an den Mann heran. Als sie dicht genug dran war, ihr Arm ein weiteres Ausholen nicht mehr zuließ, schlug sie zu.

Alles ging sehr schnell. Der Mann faßte sich an den Kopf, schaute in seine Handfläche, die ein bißchen rot war. Er konnte es sich nicht verkneifen, nach seinem zweiten Gegner zu schauen. Die Unaufmerksamkeit nutzte ich aus, um ihm mit aller Wucht meine Faust unter das Auge zu knallen.

Ein heißer Blitz zuckte durch meine Faust.

Der Mann wirkte unbeeindruckt. Er hörte auf zu reden, was auch eine Erleichterung war. Dafür wurde sein Griff fester, und ich dachte, mein Handgelenk würde als der Klügere nachgeben.

Als der Mann statt eines Gegners nur eine junge Frau mit rotem Haar und einem grünen Pumps in der Hand sah, die aufgeregt auf und ab hüpfte, war die Reihe wieder an mir.

Da ich davon ausgehen konnte, daß die Friedensverhandlungen endgültig gescheitert waren, startete ich einen letzten, verzweifelten Befreiungsschlag. Ich holte kurz Schwung und rammte dem Mann mit aller Gewalt mein Knie zwischen die Beine.

Es war ein Volltreffer. Dem Mann ging augenblicklich die Luft aus, mein Handgelenk kam wieder frei. Als sein Gesicht auf halbe Höhe herabgesunken war, zog ich mit dem anderen Knie nach.

Knie auf Kiefer kracht beachtlich.

Seltsam verdreht legte er sich in seinem grauen Anzug auf die grauen Betonplatten.

Ich stand verdattert und rieb mir das Handgelenk, bis Angelique mich packte und ins Dunkel zog.

Beim Rennen dachte ich an Zitroneneis, Tequila und daß ich jetzt wirklich ganz bestimmt nie mehr rauchen würde.

Ich war ein blinder Passagier, der sich im Gepäckraum eines Jets versteckt hatte. Der Gepäckraum besaß Fenster, Bullaugen wie bei einem Schiff. Die Startbahn war eine Landstraße. Am Zittern der Maschine war zu spüren, daß es Startschwierigkeiten gab. Sie löste sich kurz von der Bahn und fiel wieder auf die Erde zurück. Das wiederholte sich einige Male. Ich wußte ganz sicher, daß die Maschine es nicht schaffen würde. Im Gepäckraum eingeschlossen konnte ich nichts tun. Wieder stieg die Maschine und diesmal schien es zu klappen, als das Leitwerk einen Telegrafenmast streifte. Statt sofort wieder runterzugehen, versuchte der Pilot, die Maschine nach oben zu ziehen. Die Landschaft unter mir wurde immer kleiner. Die Maschine stieg, bis sie hoch genug war. Dann schmierte sie nach hinten ab. Ich sah dieselbe Landschaft wieder auf mich zurasen. Der sichere Tod war nicht das Schlimmste. Das Schlimmste war der Gedanke, daß es mich in diesem Flugzeug gar nicht gab, daß niemand wissen würde, wer diese überzählige Leiche gewesen war. Ich war traurig, nicht panisch.

Mein Herz hämmerte. Ich schaute in Angeliques Augen. Wir lagen aneinandergeklammert, Gesicht bei Gesicht. Als wäre uns diese Berührung peinlich, ließen wir voneinander ab.

Der Himmel war hellblau. Auf dem Baum vor dem Fenster saß ein Vogel und zwitscherte sich die Seele aus dem Leib. Mein Mund war trocken.

»Ist was zu trinken da?« Angelique stöhnte.

Ich tappte auf zittrigen Beinen in die Küche, fand nichts außer dem Wasserhahn.

»O Gott.«

Angelique trank das Glas Eiswasser leer.

Ich schaute zu. Ich saß auf der Bettkante, drückte meine heißen Füße auf den kühlen Fußboden und dachte an den breiten, grauen Mann, wie er verdreht auf dem grauen Beton lag.

»Junge, Junge, da haben wir uns ja ganz schön notgewehrt, was?«

Angelique lehnte ihren Kopf an meinen Rücken: »Die ganze Zeit seh ich ihn daliegen...«

»Fühlst du dich schlecht?«

»Mir geht es nicht gut!«

»Das wird wieder.«

Ich drehte mich zu Angelique – und kniff die Augen zu.

Als ich sie wieder öffnete, lag die Brieftasche noch immer in ihrem Schoß. Ihr Leder war feinnarbig, samtig und ohne jeden Kratzer.

»Wo hast du die«, ich mußte mich zweimal räuspern, eh mir die Stimme wieder gehorchte, »wo hast du die her?«

Angelique schaute mich betont schuldbewußt an. »Ich konnte nicht widerstehen, sie ist ihm aus der Tasche gefallen, als du ihn niedergeschlagen hast... als Strafe, schließlich hat er ja angefangen...«

Neue Brieftasche, neues Glück?

Ich war kurz davor, hysterisch loszulachen – standen wir vor dem Eintritt ins Waffengeschäft... Gentechnik? Industriespionage?

»Irgendein Hinweis, wem sie gehört?« fragte ich ohne rechte Überzeugung. Ich kannte das ja.

Angelique schüttelte den Kopf.

Die Brieftasche enthielt nichts außer glatten, kühlen Scheinen – vier Packen Hunderter, jeweils zu Tausendern gebündelt und einige Dollarnoten – und dann fand ich noch einen winzigen Zettel mit arabischen Schriftzeichen und einer Telefonnummer.

Ich ging zum Telefon und wählte.

»Bist du verrückt?« wollte Angelique wissen.

Nach dem achten Läuten knackte es in der Leitung. »Allamach al ha hallabach«, oder so was ähnliches, sagte eine kehlige Stimme.

Ich hielt den Atem an.

Die Stimme wiederholte ihren Text, um dann ins Deutsche zu wechseln: »Wer sind sie?«

Das Herz schlug mir im Hals, ich konnte mein Blut in den Ohren rauschen hören.

»Wer sind Sie, nennen Sie Ihre Forderung...«

Ich warf den Hörer auf die Gabel.

»Und?« Angelique saß kerzengerade auf dem Bett. »Was hat wer gesagt?«

»Ich nichts, und die andere Seite ›allamach al hal ballabach‹ oder so ähnlich.« Ich wischte mir den Schweiß von der Stirn und zerriß die Telefonnummer in mikroskopisch kleine Schnipsel, die ich aus dem Fenster warf.

»He«, Angelique zappelte am Fenster herum, »das war unser einziger Anhaltspunkt und außerdem ... glaubst du, er hat die Polizei gerufen?«

Ich schüttelte den Kopf. »Glaub ich nicht. Aber Leuten, die anonyme Brieftaschen voller Scheine durch die Gegend tragen und aussehen, als hätten sie ein Hotelzimmer voller wiederverwendbarem Plastiksprengstoff aus der CFSR, denen ist einiges zuzutrauen ...«

»Ich hätte es nicht tun dürfen, stimmt's?«

Ich nahm das Geld und verteilte es auf die Taschen von Jackett, Jeans und Hemd. Dann warf ich die Brieftasche in hohem Bogen dem Zettel nach. »Du bist ein gutes Mädchen, und wir sind für diese Welt einfach noch nicht wach genug. Wir legen uns wieder hin, versuchen noch ein paar Stunden zu schlafen, denken dabei an irgendwas Nettes, vergessen den Dicken und machen uns dann einen schönen Tag.«

Das war leichter gesagt als getan. Ich wälzte mich hin und her, das Laken klebte an der Haut, heiß und kalt zugleich.

»Schläfst du schon?« fragte Angelique alle paar Minuten.

»Vielleicht sollten wir es mal mit Aspirin versuchen«, sagte ich.

Es waren keine da.

»Zum TEMPO-Institut?« brüllte der Pförtner aus seiner Glaskanzel.

»Wohin denn sonst?«

Bleich und verkatert standen wir im prallen Sonnenschein und warteten darauf, daß er uns die Listen herausschob.

»Dann unterschreiben Sie hier«, schrie er durch das vergitterte Loch in der Scheibe. Das sagte er erst, nachdem er sich bei einem Mann im Hintergrund des Pförtnerhäuschens vergewissert hatte.

»Die ticken hier auch nicht mehr richtig, was? Bald muß man ein Visum beantragen, um bei TEMPO arbeiten zu dürfen.«

»Laß sie doch.«

Es war still im Treppenhaus. Angelique stöckelte auf grünen Pumps vor mir her. Da sich in Georgs Wohnung kein Slip gefunden hatte, trug sie zu ihrem Korsett und der Lederjacke eine von Georgs alten Jeans. Sie war damit für alle Gelegenheiten gekleidet, nur nicht für das TEMPO-Institut. Daß wir uns überhaupt auf den Weg gemacht hatten, hatte was mit Reue zu tun. Angelique wollte sich rehabilitieren.

Ich war nur müde.

»Meinst du nicht, daß wir besser im Bett geblieben wären?«

»Du kannst ja gehen, wenn du nicht willst.« Angelique war gereizt.

»Ich will schon mit dir – nur nicht am Telefon...«

Der Knuff war nicht stark, aber er traf mich unvorbereitet.

Da mein Gleichgewicht an diesem Morgen generell nicht das beste war, betrat ich das TEMPO-Institut mehr stolpernd als gehend.

Ich brauchte mich um mein Gleichgewicht nicht zu kümmern, genausowenig, wie Angelique die Tür hinter sich zu schließen brauchte. Beides wurde von jungen Männern übernommen, die unvermittelt zur Stelle waren.

Nachdem der eine sich mit dem Rücken gegen die Tür gelehnt und der andere mich aufgerichtet hatte, bekamen wir eine sauber gearbeitete Blechmarke gezeigt, die, wie bei richtigen Polizisten, an einem lässigen Lederband hing.

Einer der beiden Beamten, ein mürrischer Mann mit Halbglatze, fragte, warum wir so erschrocken gucken würden und ob wir nicht wie alle einigermaßen pünktlich kommen könnten, schließlich sei es schon kurz vor Mittag.

Ich antwortete in der Preisklasse von »Morgenstund ist ungesund«, worauf er uns vorschlug, erst einmal in der Küche zu warten.

Das Leben ist eine Kette von Wiederholungen: Ich saß auf dem Boden, den Rücken an die Wand gelehnt, und starrte in Angeliques Kniekehlen. Angelique stand an der Kaffeemaschine und tat, als wäre ich nicht da.

Das Schlimmste war nicht das Geld, dessen Herkunft schwer zu erklären war. Das Schlimmste war das Geld in Verbindung mit Keys weißem Pulver, von dem ich noch immer was mit mir herumschleppte.

Verfluchter Hang zur Vorratsbildung, verfluchte Brieftasche, verfluchter Araber. Wenn er nicht gewesen wäre, dann hätte Angelique die Brieftasche nicht aufgehoben, wären wir im Bett geblieben, hätten vielleicht zusammen gefrühstückt oder nicht, miteinander geschlafen oder nicht, hätten Platten gehört oder Radio, vielleicht Zeitung gelesen und einen Stadtbummel gemacht, hätten uns für immer getrennt oder nicht – das Übelste, was von der Nacht geblieben wäre, wäre ein Kater gewesen. Aber so.

»Du glaubst jetzt bestimmt, daß ich schuld bin.«

Angelique wanderte unruhig hin und her und entzog sich jedem Versuch, sich in den Griff kriegen zu lassen.

»Quatsch«, sagte ich, »kein Mensch denkt so was. Ich frage mich, was die hier wollen.«

Angelique blieb vor mir stehen. »Bist du völlig blöd? Ich kann dir sagen, was die hier wollen. Wir sollten uns Gedanken machen, was wir sagen ... es war ein Unfall, nicht mal das – er hat angefangen ... er hat dich angegriffen, ich habe dich verteidigen wollen, da hat er mich angegriffen, daraufhin hast du wieder ihn angegriffen ... er wollte mich vergewaltigen, du hast mich verteidigt ... wir müssen das nur genau erzählen, wir brauchen doch nicht zu lügen, wir müssen uns nur einig sein, er hat versucht, mich zu vergewaltigen, das kennt man doch ... die Kerle glauben, nur weil man einen kurzen Rock trägt ... nun sag doch mal was und hör auf, so blöd zu grinsen und mich zu begrabschen!« Sie schlug mir von obenherab auf die Finger.

»Ich glaube nicht, daß die wegen uns da sind.«

Angelique blieb der Mund offen. »Was sagst du, nicht wegen uns ... dann sag mir mal, warum, schließlich waren sie vorgestern auch nicht da ...« Sie war den Tränen nahe. Mit nassen Augen und hängenden Schultern auf ihren grünen Pumps sah sie aus wie ein kleines Mädchen, das in eine zu große Welt geraten war.

Ich rappelte mich auf und nahm sie in die Arme.

Bevor ich was sagen konnte, betrat ein bläßlicher Kerl mit hellblauem Hemd und brauner Krawatte die Küche. Er brauchte eine Weile, um von Angeliques Korsett wieder zurück zum Alltag zu finden. Er wollte Namen und Geburtsdaten wissen. Wir gaben sie ihm, und er verzog sich mit einem Gesicht, als hätten wir ein Mordgeständnis unterschrieben.

Angeliques Hand war feucht und kalt. Meine fühlte sich nicht besser an.

»Wenn die nicht wegen uns da sind, warum hast du dann nicht gefragt, was eigentlich los ist?«

Das war eine gute Frage.

»Was außerordentlich Feines, so eine gutgeführte Computeranlage«, sagte der mürrische Mann mit der Halbglatze und war gar nicht mehr mürrisch. »Ich hab ja auch schon überlegt, ob ich mir so'n Ding zu Hause hinstelle. Wir ham solche Dinger auf Dienststelle, aber die sind Schrott. Eh du dich da rein gefummelt hast, is duster ... eure Angaben sind in Ordnung ... ihr seid ja sozusagen die neuesten hier, und gleich so verliebt... kanntet ihr euch schon?« Er schaute interessiert zu Angelique. Der Blasse, der ihm assistierte, lächelte unverschämt.

»Gehört die Frage dazu?«

»Nö, nich, nur aus Interesse... wegen der Kontaktfreudigkeit, wie war das mit den anderen?«

Ich blieb dran. »Ist das ein Verhör?«

Der Blasse machte ein Gesicht in der Art von »Morgen, Kinder, wird's was geben...«, der Mürrische nickte. »Kein Verhör, nur 'ne Befragung, gehört dazu. Wie war's mit Herrn Schlinkel?«

»Herrn Schlinkel?«

»Der Boß.«

»Kein Kontakt – Tag, noch 'n Kaffee – in der Art.«

Der Mürrische nickte. »Vielleicht mit Herrn Schwan, so'n ein langer Blonder mit Brille. Der, neben dem Sie saßen.«

Das wußte ich. »Nein, kein Kontakt, nichts bemerkt, überhaupt nichts, auch nichts aufgefallen. Hätte mir was auffallen müssen?«

»Hätte müssen«, sagte der Blasse, um es spannender zu machen.

Der Mürrische zuckte die Schultern. »Hätt müssen oder nich, soweit sind wir noch nicht. Die war'n ja auch nicht blöd.«

Das war alles.

»Darf man vielleicht erfahren, warum das Ganze?«

»Fragen darf man, aber nicht jetzt... später.«

Der nicht mehr Mürrische bat uns, einem anderen Beamten unsere Adressen zu überlassen, falls es noch Fragen gäbe.

Der Blasse führte uns durch den Telefonsaal. Ich hielt Angeliques Hand. Sie fühlte sich an wie ein Fisch.

»... ist zu beobachten, daß ein großer Teil der Bevölkerung das Leben geradezu depressiv beurteilt. Es ist von Perspektivlosigkeit die Rede, es wird beklagt...« Allein, umringt von einer Hand voll Bullen, saß der Boß vor einem Terminal. Mit unendlich gelangweilter Stimme las er einen Text, den ein Kripomann ihm hinhielt.

Der Bulle, der uns begleitete, schob uns weiter.

Birkes Spielzimmer war blau von Zigarettenrauch, heiß und stickig. Sprachlos saß der Rest der TEMPO-Mannschaft auf den wenigen Stühlen und auf dem Boden verteilt. »Das war es nun mit TEMPO«, sagte jemand, und niemand fragte, warum.

Ein paar hatten Anzeigen gesehen, und ein Mädchen besaß die Adresse einer Agentur, wo man sich als Sandwichman bewerben konnte. Als zu viele ihr Interesse bekundeten, hatte sie die Adresse vergessen.

Birke kam herein. Sie machte den Eindruck, als könne sie sich nicht mehr lange auf den Beinen halten. Ihr Gesicht war weiß, Tränen hatten die Wimperntusche um ihre Augen verschmiert. Als ihr niemand einen Stuhl anbot, setzte sie sich auf einen der Schreibtische. »Ich glaube, ich bin den meisten hier eine Erklärung schuldig.«

Ein paar nickten.

Weil sie bei ihrem Déja-vu-Spiel nicht weiterkam, hatte sie mit dem Großrechner das Programm zu knacken versucht. Beim Spiel mit verschiedenen Paßwörtern war plötzlich eine fremde Datenbank erschienen – ein Programmfehler. Die Datei enthielt Adressen, Angaben über Alter und Vermögenslage der Personen, Angaben zur Wohngegend, über die Art der Gegenstände, über Geldbeträge. Es gab eine Kartei für offene Adressen und eine für die, die schon geschlossen waren.

Birke brauchte lange, um alles zu begreifen, weil sie es anfänglich nicht begreifen wollte. Eine Einbruchsserie sorgte seit Monaten für Schlagzeilen. Weil Computer nun mal zum Speichern von Daten da sind, hatte Andreas dieser Versuchung nicht widerstehen können. Die Liste war ziemlich komplett.

Es war ein simples System: Alle persönlichen Informationen, Vermögenslage, wie alt, ob alleinstehend, verwitwet oder geschieden, mußten für die Statistik mit abgefragt werden. Man brauchte also nur die Adressen zu den Angaben herauszusuchen, die von Interesse waren.

Der Boß hatte die Idee gehabt, Andreas hatte die Datenbank entworfen, auf die die interessanten Angaben rüberkopiert werden konnten. Schwan hatte das beste Material geliefert. Er war Spezialist für Wilmersdorfer Witwen. Der Rest war Handarbeit: Nachts zog eine Gruppe los und räumte die Häuser und Sechszimmerwohnungen der Beamtenwitwen leer.

»Ich selbst habe Anzeige erstattet. Ich dachte, ich könnte das Institut retten. Das Institut ist vor einer Stunde mit einer einstweiligen Anordnung geschlossen worden. Gegen diese Anordnung gab es das Recht des Einspruchs. Die Betreiber des TEMPO-Institutes, ein großes Düsseldorfer Meinungsforschungsinstitut, haben mir vor einer halben Stunde telefonisch mitgeteilt, daß sie von ihrem Recht keinen Gebrauch machen wollen. Im Gegenteil, sie wollen alles tun, um die beiden Namen nicht in Verbindung zu bringen. Entschuldigung.« Die ganze Zeit hatte Birke versucht, die Tränen zurückzuhalten. Jetzt schaffte sie es nicht mehr.

Bye, bye, TEMPO. Ich fühlte mich ziemlich schlecht, als ich ihr die Hand gab.

Birke versuchte tapfer zu sein. »Hab ich dir deine Reportage verdorben?«

»Nicht so schlimm. Ich werde ein anderes Thema finden.«

Ich wollte was Aufmunterndes sagen, aber Angelique stand blaß und zittrig in der Tür und schien es auch nicht mehr lange zu machen.

Wir saßen auf dem Rand des Brunnens am Breitscheidplatz, hielten die Hände ins Wasser und dösten in der Sonne.

Die Musik aus den Ghettoblastern, die Rufe der Skateboardfahrer, das Lachen der Kinder und Gekicher der Teenager vermischte sich mit Rufen, dem Klacken der Nikon-Objektive und dem Autolärm vom Tauentzien und der Budapester zu einem Soundtrack für einen Film ohne Bilder – weiß, hell, endlos und von unbestimmter Tiefe; ein afrikanisches Trommelfest, das Klagen der libyschen Wüste und drumherum Hitze, die alles zerfließen ließ wie ein Bild von Dali. Durch die Soundwüste kämpfte sich eine Stimme, hoffnungslos einsam und pflichterfüllt wie ein Soldat auf einem stillgelegten Minenfeld. Und wie sich der Soldat von den Rümpfen, Fragmenten und Fratzen trennt, indem er sich bewegt, so gewann die Stimme an blecherner Brillanz, weil es ein Text war, weil es ein Sinn war, in all dem akustischen Unsinn: Dann kam einer der sieben Engel, welche die sieben Schalen trugen, und sagte zu mir: Komm, ich zeige dir das Strafgericht über die große Hure, die an den vielen Gewässern sitzt... Es war der Midnight-special-Gag einer Heavy Metal Band, der abgedrehte Wille eines Hip-Hop *DJ*'s. Es war der Johannes-Rap, und die gigantische Drum-Maschine City lieferte den Rhythmus dazu.

»Wie lange kennen wir uns eigentlich?«

Bevor ich antworten konnte, klatschte mir ein Schwall Wasser ins Gesicht.

Ich prustete, fluchte und wischte mir Wasser und Schweiß aus den Augen. Es war ein blöder Scherz und brannte teuflisch. »Nicht mehr lange, wenn du so weiter machst...«

Angelique scherzte nicht: »Wir kennen uns jetzt sechsunddreißig Stunden – wir sind seit sechsunddreißig Stunden zusammen. Weißt du, was in diesen sechsunddreißig Stunden alles passiert ist?«

Ich nickte. »Noch keine Minute langweilig.«

»Ja, das stimmt«, Angelique zog die Stirn kraus, »aber das ist kein Spaß mehr – und mir geht es nicht so gut dabei.« Ihre Stimme wurde immer älter. »Das ist alles ein bißchen viel, zuviel für mich ... warum hast du das mit dem Radio erzählt ... warum hast du erzählt, du würdest eine Reportage machen?«

Eine kleine Türkin hielt sich ihr dauergewelltes Haar über dem Kopf zusammen, in ihrem schwarzen Achselhaar glänzten Schweißperlen, die Füße steckten in Pumps, billig und hoch.

»Es hat sich so ergeben ...«

»Quatsch, so ergeben ... Du wolltest dich wichtig machen ... du bist ein Wichtigmacher, wie dein komischer Freund, dieser Key. Warum kannst du nicht normal wie andere ... warum hast du vorhin nicht einfach Angst gehabt?«

Ich wischte mir die Hände an den Jeans ab und versuchte, mich von der kleinen Türkin nicht aus dem Konzept bringen zu lassen. »Ich war nicht wichtig. Ich habe nur versucht, mich nicht überrumpeln zu lassen. Das ist alles andere als wichtig.«

Angelique schüttelte den Kopf. »Während ich mit dir rede, starrst du auf die Titten kleiner Türkinnen ... die letzte Nacht war furchtbar ... ich will das nicht. Das ist mir alles zu ...« Angelique suchte nach einem Wort, »zu fremd«. Sie machte eine Pause. »Laß uns wegfahren ... ich will mit dir zusammensein, aber noch einen Tag in der Art halt ich nicht mehr aus.«

Ich dachte, daß der Breitscheidplatz nicht der richtige Ort für ein solches Gespräch war. »Wir sollten einen frischgepreßten Orangensaft trinken gehen«, sagte ich, »das tut gut, wenn man ein bißchen angeschlagen ist.«

Angelique starrte mich an, als hätte ich ihr vorgeschlagen, mir mitten auf dem Platz einen zu blasen. Statt eines großen Auftritts rollte ihr nur eine einzelne Träne über die Wange.

Sie stand auf und wischte die Träne weg. »Ich versuch es noch mal anders – ich halte es nicht mehr aus in Berlin. Ich werde für ein paar Tage nach Münster fahren. Das Haus meiner Eltern steht leer, sie sind in Spanien. Du kannst mitkommen, wenn du willst...«

Der Mann, der die Johannes-Offenbarung rezitierte, war ein kleiner Mann. Er stand auf einem Podest, und das Transparent hinter ihm verkündete, daß Jesus gekommen sei, um das Schwert zu bringen. Recht so.

Ich rannte einen Clown über den Haufen und brachte zwei Flötistinnen aus dem Takt – am Eduscho hatte ich Angelique eingeholt.

»Okay, okay«, sagte ich, »aber höchstens vier bis fünf Tage.«

»Eine Woche«, sagte Angelique.

Wir gaben uns unser Wort.

Zweitausend Mark behielt ich in der Brusttasche, zweitausend zahlten wir auf Angeliques Girokonto ein.

Auf dem Weg zu Georgs Wohnung kam Angelique bei H & M vorbei. Sie kaufte Unterwäsche und ein Stretchkleid, ich bekam neue Boxershorts.

Ich hatte gerade die Wohnungstür hinter mir geschlossen, als es klingelte.

Ich tarnte mein Zucken als Jucken.

»Wer kann das sein?« Angelique schaute mich fragend an.

»Versicherungsvertreter, Bibelforscher, was weiß ich.« Ich sagte nicht, was ich dachte. Die Zeitungen sind voll von üblen Geschichten, man muß nur mal an den ganzen Terrorwahnsinn denken. Da gehört nicht viel Fantasie dazu, um sich ausmalen zu können, was passiert, wenn man einem von denen die Brieftasche klaut.

Wäre es ein Nachbar oder der Postbote gewesen, er hätte

nach dem dritten Versuch aufgegeben. Das Klingeln aber wurde lauter und, wenn es das gibt, aggressiver.

»Wer immer da auch vor der Tür steht, er weiß, daß wir da sind.« Ich schob Angelique aus dem Flur in das Wohnzimmer.

Ich öffnete.

»Entschuldigung... aber haben sie vielleicht die Schnapsflaschen neben die Tonne geworfen?«

»Nein«, sagte ich lachend und etwas sehr Schweres fiel mir vom Herzen, »ich habe keine Schnapsflaschen nicht...«

»Da liegen drei Schnapsflaschen, ich weiß nicht, von wem die sind, und ich weiß auch nicht, was es da zu lachen gibt, junger Mann...«

»Tut mir leid«, sagte ich, »ich bin momentan gerade mit was ganz anderem beschäftigt, habe keine Schnapsflaschen nirgendwo und leider auch gar keine Zeit. Vielleicht ein andermal...«

»Das ist eine Unverschämtheit, die Flaschen einfach so hinzuwerfen. Ich werde mich bei Herrn Hahn über sie beschweren...«

»Tun Sie das!« Ich machte die Tür zu.

Die Alte schimpfte noch ein bißchen, dann war Ruhe.

Ich dachte, es wäre ausgestanden.

Es klingelte wieder. Das war zuviel. Ich riß die Tür auf.

»Also, das ist doch wirklich eine Unverschämtheit mit diesen Flaschen...« Key drückte mich mit einem Sixpack an der Brust in den Flur zurück, in den er schon seine schwarze Reisetasche geworfen hatte.

Er verriegelte die Tür, guckte kurz aus dem Küchenfenster in den Hof und erklärte dann, daß ich wenigstens so was wie »Schön, daß du mal vorbeikommst« sagen könnte.

Eh ich Gelegenheit hatte, überhaupt was zu sagen, war er im Wohnzimmer. »Oh, ich wußte nicht, daß du Besuch hast. Das hättest du mir ruhig verraten können.«

»Dazu war noch keine Gelegenheit.« Ich knallte den Sixpack auf den Schreibtisch.

Key verbeugte sich vor Angelique, die, nur mit meinen neuen Boxershorts bekleidet, stundenlanges Zuhausesein vortäuschen wollte.

»Toll, wie schnell die junge Dame aus ihren Kleidern kommt.«

»Scheiße«, sagte sie und war ertappt. »Was willst du damit sagen?« Ihre Nasenflügel bebten, und so nackt, wie sie dalag, verriet selbst das Zittern ihrer Brüste, daß sie Key für so ziemlich das Widerwärtigste hielt, was sie sich denken konnte.

Ich murmelte etwas Beschwichtigendes.

»Willst du damit sagen, daß du uns aufgelauert hast?« hakte Angelique nach.

»Ich will damit sagen, daß ihr eine ziemlich seltsame Art habt, Besuch zu begrüßen, daß ihr in das Haus gehuscht seid wie zwei Vampire auf der Flucht vor der Morgensonne und daß ihr Leute stundenlang klingeln laßt.«

»Das war wegen der Araber«, erklärte ich.

»Was für Araber? Ist irgend etwas passiert?« Keys Augenlider waren gerötet, der Blick darunter hell und wach.

»Angelique hat gestern nacht ein Terrorkommando der Hizbollah aufgemischt...«

Ohne Sinn für Höheres ließ sich Key auf das Ausstellungsstück von einer Liege fallen. »Glückwunsch, die Dame. Eisenkolb, ich muß mit dir reden...«

»Na fein«, Angelique saß mit angezogenen Beinen, die Arme um die Knie geschlungen. »Soll ich rausgehen?«

Bevor ich was sagen konnte, war Key wieder am Zug. »Das wäre sehr freundlich, obwohl du auf diesem Bett ausgesprochen dekorativ wirkst.«

Angelique sprang wie von der Tarantel gestochen auf und verschwand türknallend im Badezimmer.

Key lachte und riß sich ein Beck's auf.

Er sah nicht gut aus. Er war unrasiert, unter seinen Augen lagen tiefe Schatten. Sein ohnehin schmaler Mund war nur noch ein Strich. Die ganze schöne Eleganz war flöten. Selbst die Stiefel sahen fertig aus. »Tut mir leid... ich wollte ein paar Scherzchen machen, aber das ist wohl nicht der günstigste Zeitpunkt...«

Ich winkte ab und nahm mir ebenfalls ein Beck's: »Was gibt's?«

»Warst du gestern bei Schlitzer?« Keys Finger wanderten durch die Taschen und förderten ein Päckchen Camel ohne zutage.

»Na ja, ich war da, und Schlitzer machte keinen guten Eindruck, er fühlte sich ziemlich verlassen... von Marta und dir. Ich bin übrigens stinksauer auf dich. Was, wenn er durchgedreht hätte? Dann wäre es mir an die Wäsche gegangen – sogenannte Ersatzhandlung.«

Key winkte ab: »Weiß er, seit wann sie weg ist?«

»Nö, aber er ist sauwütend und gleichzeitig besorgt... weißt du, was ich denke? Ich denke, es ist Liebe... er hat Angst, daß ihr etwas passiert... ich soll dir das ausrichten... nicht so direkt, aber immerhin... ansonsten hat sich die Sache für mich erledigt. Hoffentlich. Sei vorsichtig.«

Key drückte die leere Dose in der Hand zusammen. Die Haut über den Knöcheln wurde weiß. »Marta ist nicht bei mir... was soll die da auch...«

»Hehe, du selbst hast mir doch erzählt... die Streetfighter-Geschichte... hat dich die Wirklichkeit eingeholt oder kannst du sie selbst nicht mehr auseinanderhalten?«

Key lachte ein Lachen, das nach Asthma klang. »Die Wahrheit, nichts als die Wahrheit, willst du sie hören?«

Ich schüttelte den Kopf. Bei dem Anfang konnte Wahrheit nur mächtige Scherereien bedeuten. Davon hatte ich schon genug.

Key ließ sich nicht beirren. »Vermutlich ist Marta bei den Bolivianern... sie war schon immer eine praktische Frau, insofern stimmt die Geschichte. Den Rest habe ich mir für dich ausgedacht, weil ich dachte, so was gefällt dir... es ist nicht mal eine Woche her, da hast du beim Tequila geweint und kamst mit der Zitronensaftgeschichte – so was ist tapfer, das hat mir gefallen. Es ist doch alles trist genug... du solltest mein Mann bei Schlitzer sein, und außerdem, ich wollte dich von der Diskette ablenken. Ich hatte zuviel gequatscht, war zu euphorisch, hatte die Kontrolle verloren...«

»Und jetzt... warum erzählst du mir das jetzt?

»Keine Zeit mehr für Faxen.«

»Oh«, sagte ich.

»Yeah, aber zur Sache... Schlitzer hat in den letzten Tagen seine größte Ladung Koks erwartet... die ist nicht angekommen, weil jemand den Fuß in der Tür hatte, ich... es ist Schlitzers Kohle, ich sollte sie übergeben... ich habe den Holländer bezahlt und eine Fährte gelegt, die zu den Afghanen führt...«

Mir standen die Haare zu Berge.

»Der Mann im Teppich?«

Key nickte. »Nicht so, wie du denkst... das war ein Glücksfall. Ich habe ihn in seiner Wohnung gefunden... er hat mal die Braut eines Kerls, der ihm noch Kohle schuldete, für sich anschaffen lassen. Er hat die Frau wohl ziemlich hart angefaßt, und das hat der Kerl ihm nicht vergessen... Das war eine Rechnung aus alten Zeiten, als ihm noch zwei Bordelle in Neuköln gehörten. Ich fand ihn auf seinem Teppich und mußte ihn nur noch zusammenrollen... damit wäre Schlitzer weg vom Fenster gewesen, und es hätte eine Weile gedauert, bis wer dahinter gestiegen wäre, wenn nicht ein paar Dinge passiert wären, mit denen niemand rechnen konnte... die Leute aus Palermo haben sich mit den Afghanen zusammengetan, weil die neben jeder Menge Drugs jetzt auch in Stinger-Raketen und so was machen, und dafür brauchen sie die Mafia, weil die die besten Kontakte haben.

Mit denen kann Schlitzer seit langem ziemlich gut. Die haben erklärt, daß sie momentan kein Interesse an solchen Aktionen haben, weil die Bolivianer mit aller Macht in den Markt drängen... Berlin wird wichtig im Ost-West-Handel, das Haus Europa will versorgt werden, Rußland ist riesig, und die Lieferanten sammeln ihre Leute... weißt du, was das heißt?«

Ich wußte es nicht. Ich wußte gar nichts mehr.

»Das heißt, daß ich jetzt auf dem Koks sitze und es nicht verkaufen kann. Wem ich es auch anbiete – ich bin ein toter Mann, ende im Teppich oder rot wie ein Krebs in einer Badewanne voll kochendem Salzwasser... weißt du, was das heißt? Ich komme an kein Geld heran und demnächst kommen die Konjunkturprognosen fürs nächste Jahr heraus und der Dollar wird anziehen oder fallen, wie er das immer tut, und die treiben den Wahnsinn einfach eine Stufe weiter, spielen weiter ihr Kinderspiel mit hyperrealen Codes, und ich habe die Bombe in der Hand und kann sie nicht platzen lassen!«

»Und jetzt?« Meine Kehle war ausgetrocknet.

»Nimm noch ein Beck's, das ist gut für den Hals.« Key warf mir eine Dose zu und bediente sich selbst. »Ich muß verschwinden und bleiben... und das alles gleichzeitig. Kein leichtes Spiel für Batman...«

Schweigend tranken wir warmes Bier aus Weißblechdosen.

»Tut mir leid«, sagte ich, »aber ich weiß nicht, wie ich dir helfen kann... ich fahre heute mit Angelique für drei, vier Tage in das Haus ihrer Eltern nach Münster... Mir reichte die Bekanntschaft mit Schlitzer & Co. Es müssen nicht noch die Bolivianer sein.«

Key schnippte mit den Fingern. »Weiß jemand, daß du hier wohnst?«

Ich schüttelte den Kopf und schon dabei war mir klar, daß es ein Fehler war. »Niemand außer dir und Angelique. Aber das ist Georgs Wohnung, ich kann dich nicht einfach hier...«

»Mein lieber Freund«, Key visierte mich über den Zeigefinger an, »mach jetzt bloß nicht schlapp. Ich habe dich gefragt, ob du ein bißchen Action haben willst, und du hast ja gesagt, du hast sogar selbst noch Gas gegeben und dir diesen furiosen Einstieg mit dem Jackett ausgedacht, und jetzt, wo das Beste kommt, willst du kneifen?«

Ich verbesserte ihn. »Nicht das Beste, das dicke Ende!«

»Das ist ziemlich dasselbe«, Key versuchte einen treuherzigen Blick. Er guckte wie ein Tiger beim Pinkeln. »Wißt ihr überhaupt schon, wie ihr rüberkommt?«

Darüber hatten wir uns noch gar keine Gedanken gemacht.

Key hatte die Idee: Wohnung gegen TransAm.

Ich flitzte ins Bad, um Angelique von dem Deal zu unterrichten.

»Oh, nein, das ist doch fast, als würde der Kerl mitkommen!« Sie sagte das ohne jede Anerkennung und schampoonierte sich demonstrativ heftig das Haar.

»Komm, Baby«, sagte ich wie einer, der sich auskennt, »überleg mal, was in so einem Schlitten noch alles möglich ist.«

Angelique fielen auch ein paar Möglichkeiten ein. »Meinst du, wir sollten es tun?«

»Und ob!«

Sie versprach, in der nächsten halben Stunde aus der Wanne raus zu sein, wenn ihr die Wahl des Zeitpunktes überlassen bliebe.

»Fahr schön vorsichtig«, sagte Key, »füll ab und zu ein bißchen Sprit rein und ruf an, wenn ihr angekommen seid.«

Ich riet ihm, die Kette vorzulegen und keine Flaschen in

den Hof zu legen, weil die Alte von gegenüber nicht weniger schlimm sei als die Bolivianer.

Wir kicherten, klopften uns gegenseitig auf die Schultern und dann machten Angelique und ich uns davon.

Von Westen zogen tiefschwarze Gewitterwolken gen Berlin, durch Löcher in der tiefliegenden Wolkendecke fiel Nachmittagssonne. Das tiefe Grummeln des Motors lud zum Langsamfahren ein.

Angelique legte ihren Kopf in meinen Schoß und schlief sofort ein. Ich ruschelte mich auf dem Sitz zurecht, verschränkte den linken Arm hinter der Kopfstütze und konzentrierte mich auf die kommenden Kilometer.

Die ersten Spritzer zerplatzten auf der Frontscheibe. Ich schloß das Schiebedach. Während ich eine Kassette in das Tape-Deck schob, versank im Rückspiegel Berlin in einer Regenflut.

Kleinstadt im Herzen

Schwerer, grüner Duft und das Zirpen der Grillen wehten durch die geöffnete Schiebetür. Ich saß im Korbsessel von Angeliques Vater, starrte in den dunklen Garten und trank aus einem Wasserglas Amaretto.

Angelique rannte durch das Haus wie der Manager einer Hotelkette auf der Suche nach dem gestohlenen Ring. Quer durch alle Räume hörte ich das Klappen von Zimmer- und Schranktüren.

Als ich sie auf dem Weg zum Klo traf, fragte ich, wo ich mich hinlegen könnte – die Fahrerei hatte mich geschafft.

»Du willst schon schlafen«, sie schaute mich enttäuscht an, »ich dachte, wir könnten vielleicht noch ...?«

»Zu spät«, ich streichelte ihr kurz die Wange, »ich bin nicht nur hundemüde, jetzt hab ich auch einen in der Krone.«

Ich kuschelte mich in das elterliche Laken und war sofort weg.

Am Morgen wäre ich beinahe von Albert erschlagen worden.

Ich war gerade dabei, die roten Klappstühle auf der Terrasse aufzustellen, da stand er plötzlich vor mir.

»Was ist denn hier los, verdammich noch mal?« Albert trug Stirnglatze, ein fleckiges Unterhemd und ausgebeulte

Jogginghosen. Seine dürren, blauädrigen Hände umklammerten eine Eisenstange.

»Mal langsam«, ich griff zur Verteidigung nach einem der Stühle, die noch zusammengelegt an der Hauswand lehnten, »vielleicht sagen Sie mir mal, wer SIE sind.«

Mit zusammengekniffenen Augen und geschwollenen Kämmen standen wir uns stumm gegenüber.

»Onkel Albert!« Angelique stand mit ausgebreiteten Armen in der Terrassentür. »Mama hat mir am Telefon Bescheid gesagt, daß du dich um den Rasen kümmerst.«

Angelique stellte mich als einen Freund aus Berlin vor.

»Man kann ja nie wissen, wer vor einem steht«, Albert schüttelte mir die Hand, »bei dem ganzen Gesindel, das sich rumtreibt... der Ami-Schlitten vor der Garage – is deiner, was?«

Ich nickte.

»Jaja, wenn man jung is, warum nich. Ganz schöne Rakete was – hui, wenn der abgeht... wäre aber besser, wenn du ihn in die Garage tätest, wegen der Leute. Die Leute mögen das nicht... du bist aus Berlin, was?«

»Ein Freund aus Berlin«, wiederholte ich, »wie Angelique eben gesagt hat – eigentlich mehr ein Bekannter.«

Albert schüttelte den Kopf. »Versteh ich nich, was alle an Berlin gefressen haben, ich würd da verrückt werden, würde ich – Türken und Chaoten...« Albert machte ein bedeutungsvolles Gesicht, und bevor wir uns zu einem Plausch auf die roten Stühle setzten, verschwand er kurz hinter dem Haus.

Mit einem Karton Paderborner Pilsner kam er zurück.

Angelique schüttelte energisch den Kopf.

Ich konnte aus Höflichkeit nicht ablehnen. »Ja, nur Türken und Chaoten...« Albert hatte einen guten Zug.

»Türken und Chaoten«, bestätigte ich, »und Gangster.«

»Gangster gibt's überall.« Albert war schon beim zweiten. »Die bescheißen uns alle... und die größten Gangster, die sitzen in der Politik, treiben's mit die Weiber, immer nur vom Feinsten und auf unsere Kosten, und mir streichen sie die Kur. Die Roten und die Schwarzen, alle dasselbe Kaliber... kannste in einen Sack stecken und drauf schlagen, trifft immer den Richtigen. Aber wer weiß, vielleicht ändert sich noch mal was...« Albert lachte. »Nichts für ungut, einer wie ich sagt eben, was er denkt.«

Ich prostete ihm zu. »Immer raus damit, es wird sich schon jemand finden, der die Scheiße wegkehrt!«

Angelique stieß mir unterm Tisch ans Bein, Albert fühlte sich geschmeichelt. »Es gibt eben immer 'n paar, die's Maul nicht halten können...«

Angelique lenkte das Gespräch auf Tante Lenis Befinden.

Ich verdrückte mich Richtung Küche, um das Frühstück zu machen.

»Ich soll dich von Albert grüßen... hat gesagt, daß du ein feiner Kerl bist, ich soll mich an dich halten... Der alte Widerling... er ist eklig.« Angelique schüttelte sich. An den Türrahmen gelehnt schaute sie zu, wie ich versuchte, mit Hilfe einer Mikrowelle weiße, tiefgefrorene Teigklumpen in frische Croissants zu verwandeln.

»Einfach auf Sechs stellen, den Rest macht das Ding allein.«

»Klasse Ding.« Ich tat, wie sie sagte.

»Meinst du nicht, daß ›ein Freund aus Berlin‹ eine etwas zurückhaltende Bezeichnung ist?« Ich ließ die heißen Croissants auf den Küchentisch fallen. »Oder bin ich zu romantisch für diese Zeit?«

Angelique fächelte sich Kühlung zu. »Sauer, oder was?«

»Nein«, sagte ich, »ich überlege nur, was man außer dem Münster noch alles gesehen haben muß, bevor man weiterfährt...«

»Versöhnungen im Bett«, Angelique zupfte sich das feuchte Haar vor dem Spiegel zurecht, »Versöhnungen im Bett kann ich nicht leiden.«

»Na ja, 's war die Wanne.« Ich stand tropfnaß auf dem Badeteppich und versuchte das Handtuch zu erwischen, das über einer Chromstange hing, ohne allzuviele Wasserflecke auf den blanken Kunstmarmorboden zu machen.

»Sag doch was, Schatz!« Angelique drückte mir das Handtuch in die Hand.

Stilles Glück in Münster.

Das Münster stand artig in der Mitte der Stadt, das Katzenkopfpflaster glänzte in der Sonne, alle Papierkörbe waren voll. Wir bewunderten drei abstrakte Plastiken vor der Landesgalerie und bogen dann ab Richtung Fußgängerzone.

Das Thermometer an einem Optikergeschäft zeigte mit grünen Leuchtdioden 34 Grad Mittag. Menschen strömten aus den Geschäften. Ein Penner saß an der Werbefläche eines Sportgeschäftes und sang deutsches Liedgut zur Laute. Mit aufgekrempelten Ärmeln schlenderte ein KOB durch das Gewühl – grüßte mit zwei Fingern an der Mütze.

Im Schaufenster eines Juweliers lagen Eheringe verschiedener Preisklassen, dazwischen ein Hochzeitsfoto. Angelique blieb fasziniert stehen.

»Aber das ist doch Irina!« Sie zupfte an meinem Ärmel, zeigte auf das Foto im Silberrahmen. »Irina wollte nie heiraten, hat Emanzenartikel in der Schulzeitung geschrieben, und jetzt steht sie als Beispiel für Glück im Schaufenster. Ist das nicht witzig?«

»Ja«, sagte ich, »das ist witzig.«

Wir standen vor dem alten Kino. »Hier habe ich das erste Mal die ›Rocky Horror Picture Show‹ gesehen!«

»Witzig.«

»Was ist daran witzig?«

»Prima«, verbesserte ich, »schön für dich.«

Ein Film mit Harrison Ford und ein Zeichentrickfilm von Spielberg liefen. Angelique studierte den Spielplan, als hätte sie für vierzehn Tage Verabredungen zu treffen.

Die Bäckerei, in der Angelique immer Zuckerschnecken gekauft hatte, war wegen Urlaubs geschlossen.

»Schade«, sagte Angelique.

»Ja«, sagte ich.

Die Gemüsefrau rief einen Gruß herüber, als wir vorbeigingen.

»Das ist Frau Chemnitz, sie hat mich erkannt.« Angelique war glücklich.

Ich fragte sie, wie lange sie nicht mehr zu Hause gewesen sei.

Es war ein halbes Jahr.

»Aha«, sagte ich.

»Das interessiert dich alles nicht übermäßig, was?«

Ich schüttelte den Kopf.

»Du interessierst dich wohl nicht für mich?«

»Im Gegenteil«, sagte ich, »nur für dich.«

Angelique schmollte bis vor die Apotheke, in der sie die ersten Kondome gekauft hatte.

Wenn ich die Sache sowieso schon in die Hand nehmen muß, dann wenigstens richtig, hatte sie sich gedacht und war erhobenen Hauptes an den Tresen geschritten, um sich verschiedene Modelle erklären zu lassen.

»Prima«, sagte ich, »aber bevor du mir deinen ersten Schwanz zeigst – laß uns eine Pause machen.«

Angelique trug das schwarze Minikleid, das sie bei H & M gekauft hatte. Vorn hochgeschlossen ließ es den Rücken bis zu den Pobacken frei und war bestens geeignet, ihre Rückkehr nach Münster nicht unbemerkt zu lassen. Sie warf den Kopf in den Nacken und ging davon.

Ich wartete einen Moment und trottete dann in die Richtung, in die sie verschwunden war – vorbei an rosigen und gebräunten Gesichtern und den blanken Fassaden frisch renovierter Häuser. Ich rempelte ein paar Leute und scherte mich nicht drum. Obwohl ich die Straße überblicken konnte, blieb Angelique verschwunden. Ich blieb stehen, schaute mich um.

Der Himmel hing durch!

Schweiß trat mir aus den Achseln, Augen starrten mich an, es gab keinen einzigen Grund in Münster zu sein, und keine Hand auf meinem Arm, die mich vom Gegenteil überzeugte – das heulende Elend saß auf dem Giebel und spielte die alte Tübingen-Leier: In jedem Balken steckt der Wurm / kotzende Kasper schauen aus dem Fenster / es gibt auch schöne Frauen und Gespenster / und wer nicht spurt kommt in den Turm.

Mein Magen begann gefährlich zu zucken.

Der Grillimbiß war als Almhütte verkleidet. Bayerisches Schnitzwerk und Bilder von glücklichen Schweinchen mit Gamsbarthüten hingen an den Wänden. Hinterm Glas der Theke stand aufgereiht, was mich von meiner Übelkeit befreien konnte: Dornkaat, Jägermeister und Wodka in handlichen Portionsflaschen.

Eine alte Frau im hellen Sommermantel und mit einem grauen Hütchen auf dem Kopf konnte sich nicht entscheiden. »Keine Spieße mehr?«

Die Verkäuferin schüttelte den Kopf. Sie klapperte gelangweilt mit der Wurstzange.

»Hühnchen auch nicht?«

Die Verkäuferin ließ ein Nicken ahnen. »Was sie hier sehen ...«

Sechs fette, rote Würste schwammen im Öl.

Ich versuchte, meinen Magen im Griff zu behalten. »Tschuldigung«, sagte ich, »könnte ich schnell ...«

»Junger Mann, Sie sind noch nicht dran«, die alte Frau seufzte gereizt. »Na, was soll man machen, dann packen Sie mir eben die ein...«

»Wie viele?« wollte die Verkäuferin wissen.

Ich schaute inzwischen an die Decke, um nicht mehr auf die Würste starren zu müssen.

»Alle«, sagte die Alte. Sie reichte mit zufriedenem Gesicht einen Fünfziger über die Theke.

Die Verkäuferin zuckte die Achseln. »Tut mir leid, ich kann nicht wechseln...«

Die Frau mit Hütchen schaute auf ihren Schein. »Aber ich habe es nicht kleiner.«

Die Verkäuferin erklärte, daß schon den ganzen Vormittag ständig Leute mit großem Geld gekommen seien und sie keine Mark Wechselgeld mehr habe. Demonstrativ hielt sie die Kasse hoch. Die Fächer für das Hartgeld waren bis auf wenige Pfennige leer.

Sie war Anfang Zwanzig, mit nettem, nichtssagendem Gesicht. Unter ihrem kurzen Kittel, der gewagt weit offen stand, trug sie knallenge Jeans und rote Sandaletten, die für einen Imbiß zu hoch waren.

»Was soll ich machen?« piepste die Alte.

Die Verkäuferin zuckte die runden Schultern, und der Knopf über der Brust hielt die Schadenfreude nur mühsam zusammen. »Gehen sie rüber zu Löhlein, der kann immer wechseln.«

Kalter Schweiß stand mir auf der Stirn, als die Alte endlich mit hastigen Schritten aus dem Imbiß verschwand.

»'n kleinen Jägermeister hätte ich gern...«

Ich nahm den ersten Schluck und spürte, wie sich mein Zwerchfell langsam entspannte.

»Kann ich sonst noch etwas für Sie tun?«

»Was?« Für eine Wurstbude war die Frage ziemlich daneben.

»Ob Sie noch etwas anderes möchten.« Sie lächelte, ihre

Handbewegung deutete an, daß sie gewillt war, mir alle Schätze des Orients zu verkaufen.

»Die Würste.« Ich legte einen Fünfziger auf den Glastresen.

Die Verkäuferin lachte. Dann blieb ihr das Lachen im Hals stecken. »Das kann ich nicht machen...«

»Aber na klar kannst du das... weißt du denn, ob die wiederkommt?«

Sie warf mir einen Blick zu, der besagte, daß sie schon Lust hätte, aber...

Ich streckte meine Hände nach dem Paket aus.

Ihre Augen fielen vor Entsetzen fast heraus. »Ich kann wirklich nicht wechseln.«

»Macht nichts«, sagte ich und pellte die erste Wurst aus dem Packpapier. »Der Rest ist für dich.«

Sie blickte nach draußen, und zack – der Schein war weg. »Möchten Sie irgendwas drauf?«

»Bitte?«

»Möchten Sie noch ein Würstchen?«

Ich bekam eine Packung Löwensenf, die bis Weihnachten reichen würde, und ließ mir noch ein Fläschchen geben.

»Sie sind nicht von hier?« Der Knopf an ihrem Kittel würde die Belastung nicht mehr lange ertragen.

»Nö, aus Südafrika.«

Während das Mädchen mich verträumt anschaute, die Alte von gegenüber auf den Imbiß zugewackelt kam, warf ich die erste Flasche leer in den Abfalleimer, schob mir den Rest der ersten Wurst in den Mund und schlenderte mit Tagesgruß davon.

Zwei Würste weiter wurde ich gepackt. Beinahe wäre mir Senf auf die Hose gekleckert.

»Eisenkolb, ich habe alles gesehen und weiß nicht, ob wir jetzt noch zusammen auf der Straße gehen können. Die Alte im Wurstladen, weißt du, wer das ist?«

Ich wußte es nicht.

»Das ist meine ehemalige Englischlehrerin, diese alte Schreckschraube. Weil sie wußte, daß meine Eltern auch Lehrer sind, hat sie mich besonders gepiesackt. Fräulein Nagel, auch Sie müssen sich bitte an blablabla halten...« Angelique stand an die Granitplatten des Durchganges gelehnt. Ich schob ihr den Rest der dritten Wurst in den zum Sprechen geöffneten Mund. Es war Löwensenf drauf.

»Du Scheusal, du bist ein Scheusal... ich hasse dich.«

Während Angelique noch nach Luft rang, hatte ich schon die nächste Wurst in der Hand. »Iß, mein Schatz, die hab ich alle von meinem Geld gekauft!«

Als das Telefon klingelte, kniff ich die Augen zu und wünschte, Angelique möge nicht rangehen. Ich lag im Liegestuhl im Halbschatten der Terrasse, süffelte Champagner und zuckte bei jedem Klingeln zusammen.

Immer waren es beste Freundinnen und jedes Gespräch begann mit einem kleinen, spitzen Freudenschrei.

»Es ist Peng!« rief Angelique von drinnen, als würde mir das was nützen. Mit unter das Kinn geklemmtem Hörer saß sie da und lackierte sich die Zehennägel. Angelique und ich hatten Peng! – aber bitte mit Ausrufezeichen – am Mittag bei McDonalds getroffen. Ich hatte keinen Grund, was gegen Peng! zu haben. Er war ein netter Kerl und als Gesprächspartner das, was man charmant und aufmerksam nennt. Mal davon abgesehen, daß er sich jenseits seiner eigenen Meinung keine andere vorstellen konnte.

Was mich störte, war die Art, wie er und Angelique sich begrüßt hatten. Es war die kurze Röte auf ihrem Gesicht. Die Umarmung. In ihren Erzählungen von Pickeln, Lernen und erster Liebe war er kein einziges Mal aufgetaucht.

Der McDonalds war neu. Peng! erklärte, daß Mut oder Unkenntnis oder Opposition dazugehöre, am hellichten Tag hier zu sitzen. Ein alteingesessener Kramladen hatte weichen müssen. Es hatte eine Bürgerinitiative und Diskussionen gegeben. Zum Schluß war man der Verlockung der Weltstadt erlegen. »Das schönste an Rom ist McDonalds. Das schönste an Paris ist McDonalds. Peking und Moskau haben noch nichts Schönes, hat Andy gesagt«, sagte Peng!, »und jetzt hatte sogar Moskau was Schönes bekommen ...«

Im letzten halben Jahr hatte sich viel getan. Peter war nach London gegangen, und Beatrice hatte Pierre verlassen, um mit einem schwarzen Kerl, den sie gerade eine Woche kannte, nach Ghana zu gehen. »Ach wirklich«, sagte Angelique, »erzähle mal, und was ist aus X geworden und was macht Y ...«

Ich wollte nichts von Angeliques Vergangenheit hören. Ich wollte nicht Geschichten, die aus ihr eine ganz normale Kleinstadttorte machten. Ich wollte keine Bilder, die mich nichts angingen. Ich wollte die Angelique, die ich bei TEMPO getroffen hatte.

»Laß uns gehen«, sagte ich und warf meinen Pappbecher in den Müllcontainer.

Peng! hatte versprochen, anzurufen.

»Bist du eifersüchtig?« fragte Angelique.

»Bin ich nicht«, sagte ich.

»Bis dann«, sagte Angelique und legte auf.

»Bis dann« bedeutete nichts Gutes! Von diesem ganzen Münster interessierten mich nur zwei Dinge – die stille Terrasse und Angeliques Hintern. Vielleicht noch die Tiefkühltruhe.

»War Peng! Ich soll dich grüßen.« Angelique kam auf die Terrasse.

Sie trug nur einen weißen Morgenmantel, der vorn offen stand. Zehen- und auch Fingernägel leuchteten knallrot, der

Flaum im Dreieck von Bauch und Schenkel rotgolden. »Das hast du vorhin schon gesagt ... was heißt bis dann, will er dich etwa besuchen?«

Angelique schüttelte den Kopf.

»Schlimmer?«

Sie machte eine vage Handbewegung: »Heut abend ist eine Party, wir sind eingeladen ...«

Ich war erleichtert. Ich beugte mich hintenüber und packte sie an den Hüften. Meine Haare streiften ihren Bauch, zwischen den Spitzen ihrer Brüste war Himmel. »Wir werden da nicht hingehen.«

Der Stuhl kippte Richtung Kopfende, Angelique hielt ihn mit dem Becken in Balance. »Doch, das werden wir, und Peng! hat ausdrücklich gesagt, daß er sich freut, dich näher kennenzulernen.«

Ich schüttelte den Kopf. »Ich habe keine Lust auf ein Fest. Ich habe keine Lust auf laute Musik. Vor allem habe ich keine Lust auf näher kennenlernen. Laß uns hierbleiben und unser Gleichgewicht stabilisieren!«

Angelique richtete den Stuhl wieder auf. »Wenn du keine Lust hast, dann nicht – ich gehe ...«

Tolle Party!

Ich saß zwischen Grünzeug auf 'nem Baumstumpf, eine Flasche Mum zwischen den Knien. Mein Unterkiefer mahlte vor sich hin, ich nahm ab und zu einen Schluck aus der Flasche, stieß auf und begann die Tortur von neuem.

Um meiner Nervosität Herr zu werden, hatte ich meine Nase tief in Keys Puder gesteckt. Es war nicht einfach, es zwischen soviel Schönheit auszuhalten. Die Party war die Einweihungsparty für Pollys Etage – ihr Vater hatte sie ihr geschenkt – und die ganze Gang war gekommen.

Mein Gesicht war mit Lippenstift beschmiert, als wir aus dem TransAm kletterten. Herr, wenn du es schon nicht verhindert hast, dann laß es bitte groß und anonym sein, betete ich.

Je nachdem, wie man es sehen wollte, stand hinter der Tür ein Portier oder Rausschmeißer. Aus Gründen der Originalität trug er eine DDR-Grenzuniform. Es amüsierte ihn mächtig: »Gänsefleischt mal ihre Garden zeigen?«

Wir hatten keine.

»Peng! hat uns eingeladen«, erklärte Angelique. Sie sah sündhaft teuer aus in ihrem dunkelgrünen Spitzenkleid, das zwei Handbreit über den Knien endete. Ihre roten Fingernägel gierten nach Blut.

Sie behauptete, das Kleid für zwanzig Mark getrödelt zu haben. Das Unterkleid raschelte vielversprechend, wenn sie sich bewegte. Es war dafür gedacht, zu große Einsichten zu verbergen. Ein weiser Schneider hatte den Einblick durch an Gewißheit grenzende Ahnung ersetzt.

»Dann steht ihr sicher auf der Gästeliste! Isch schau ämal aufs Formular zwei.«

Dort standen wir auch nicht.

»Ich weiß auch nicht, wenn Peng! euch eingeladen hat...«, der dicke Kerl kratzte sich besorgt den Hinterkopf.

Angelique ließ sich die Liste zeigen.

Sie überflog sie kurz, wurde rot und tippte mit dem Zeigefinger auf einen der Namen »Polly, du Fleischerstochter...«

Der Dicke war sichtlich erleichtert. »Hi Sucky!«

Wir bekamen jeder einen Stempel auf den Unterarm. »Amüsiert euch gut.« Das Fett auf seiner Nase glänzte.

Angelique war schon auf der Treppe, die in den ersten Stock führte, ehe ich ihren Arm zu packen bekam.

»Sucky... sie haben dich Sucky gerufen? Du hast mir nicht erzählt, daß du einen Spitznamen hast! Sucky – woher kommt das?«

Angelique antwortete nicht.

Die Frage war nicht fair.

Angelique machte sich aus meinem Griff los. Sie stand zwei Stufen über mir, wir sahen uns direkt in die Augen. Es war eine Bitte. »Vergiß es...«

»Klar«, sagte ich, »schon passiert!«

Die Party war groß, und sie war anonym.

Polly sprach von ungefähr hundertdreißig Gästen, als sie uns begrüßte. Sie und Angelique musterten sich eingehend. Als keine von beiden eine Schwachstelle an der anderen entdecken konnte, reichten sie sich die Wangen zum Kuß.

»Kommt«, Polly legte ihre warme weiche Kinderhand auf meinen Arm, »ich werd euch meine Hütte zeigen...«

Polly trug ein schulterfreies, dunkelviolettes Kleid, dessen Oberteil eine Korsage war, der Rock ein aufgepufftes Etwas aus Tüll. Vom Decolleté bis zum Rockansatz lief ein breiter, metallisch glänzender Reißverschluß. Ihre struppige schwarze Mähne legte sich über ihre runden Schultern, ihre dunklen Augen glänzten feucht.

Polly – nichts anderes war möglich.

Angelique war begeistert. »Diese Kleiderhaken von Ikea hatte ich auch mal, wirklich hübsch... was für eine entzükkende Tizzio-Kopie...«

Wäre Angeliques Haar statt rot blond gewesen, die beiden hätten die Idealbesetzung für einen künftigen Bond geliefert.

Sucky war weg. Die jungen Leute hatten sie mitgenommen. Sie waren eine Pracht, diese jungen Leute. Mit ihrem lässigen Charme waren sie überall präsent, im Garten, im Haus, auf allen Straßen, die ins Capitol führten. Ich saß auf dem

Baumstumpf, hielt eine Flasche Sekt zwischen den Knien und bewunderte die Sternschnuppen, die durch meinen Kopf flogen. Von drinnen kam der monotone, zur Ekstase treibende Tanzbeat der Baßdrums, draußen war Gelächter. Ein DeeJay, der sonst in einem Kölner Club die Platten auflegte, war für die Musik verantwortlich. Peng! hatte ihn als eine Sensation angekündigt.

Es war meine Schuld, daß ich allein im Garten saß.

Peng! hatte sich Mühe gegeben, mit mir ins Gespräch zu kommen. Er war ein netter Kerl. Er verstand nicht, warum Angelique nach Berlin gegangen war. – Berlin war out, keine Lebensart, keine Power mehr, nur noch Erinnerung. In den frühen Achtzigern, das wäre okay gewesen. Aber jetzt. Wenn schon Deutschland, dann höchstens Köln und zum Gucken London oder New York. Ansonsten gab es doch, seiner Meinung nach, seit Satelliten-TV und Sampling-keyboard keinen Grund mehr, sich fortzubewegen.

Ich hatte Angeliques Spitznamen im Kopf. Dort saß er wie ein Angelhaken, und je länger ich wartete, um so tiefer bohrte er sich.

Ich war eifersüchtig, ich war rasend eifersüchtig und zornig auf all die jungen Männer, die hier versammelt waren. Sie kannten sich, wußten, wie sie sich zu benehmen hatten, und waren so sicher, daß man es riechen konnte.

Alle kannten sie Angeliques Spitznamen, wie sie die ihren kannte, die kleinen Geschichten zum großen Leben, und ihre Schwänze kannte sie auch.

Ich sah überall Anspielungen und verstand sie nicht. Es war, als würde man allein auf der Ehrentribüne eines Stadions sitzen und mit ansehen müssen, wie die Liebste von einer kompletten Fußballmannschaft quer durch den Strafraum gevögelt wird. Und jeder, der sie gehabt hat, zieht die Hosen hoch, klopft sich die Knie ab und erwartet, daß man ihm Beifall klatscht.

Ich fragte nicht, warum sie Angelique so nannten. Ich

hattes nicht mal fertig gebracht, Angelique zu fragen. Stattdessen erzählte ich wirres Zeug von einer Vision, einer Sache, die sich vorbereitete, von fraktaler Geometrie, von Leuten, die wüßten, wo es lang geht, vom Binnenmarkt und von Berlin als Mittelpunkt der Welt.

Als ich mich endgültig verheddert hatte, steckte ich meine Nase tief in Keys Briefchen und versteckte mich im Garten.

Der Sekt war alle.

Ich warf die Flasche hinter mich ins Gebüsch und machte mich auf, Nachschub zu besorgen.

Am Grill herrschte Gedränge. Ein blonder Jüngling spritzte Bier über das Fleisch, ein Mädchen kreischte. Ich stolperte über zwei Jungs, die auf dem Rasen lagen und an einem nudeldicken Joint nuckelten. Sie kicherten, und der Schmächtigere mit den großen, verklärten Augen hielt mir das Teil hin. Ich wollte kein Kiff. Ich ging am Grill vorbei, ging durch einen weißen Schwaden aus Bier und dem Geruch nach Basilikum und Pilzen. Jemand rief mir etwas zu, aber ich verstand es nicht. Ich stapfte den kleinen Hügel hinauf, der in einer Art Terrasse vom Garten direkt in den ersten Stock führte.

Drinnen hatte die Party gewechselt: Xtc-Kids in Turnschuhen, Jeans und mit Horrorcomics auf Rücken, Brust und Hintern zuckten im Rhythmus, der aus weißen Marmorboxen knallte. Die Lichter zerfetzten Köpfe und Körper zu einem pulsierenden Puzzle, aus dem Arme und Beine spritzten, die sich selbst wieder fingen: Sunshine im Herz in the end of the Achtziger.

Ich zwängte mich zum Getränkedepot durch, um mir eine neue Flasche Schampus zu greifen. Ich fühlte mich ausgetrocknet und alt, meine Nase war vereist, Angelique war nicht da. Ich hatte Sehnsucht nach Mozart.

Eine Kinderhand mit violetten Fingernägeln legte sich auf meine Schulter. »Tanzt du nicht?«

Polly war bei diesem Sound von vierundsechzig Dampfhämmern plus Schlagwerk leichter zu riechen als zu verstehen. Schwer und samtig kroch es in meine Nase. Ich registrierte Panther und wunderte mich, daß der Eiszapfen in meinem Gesicht das noch wahrnahm.

Um mein Kopfschütteln besser zu verstehen, rückte Polly näher heran. Ein Stück weiter, und sie hätte auf mir gelegen. Dazu ließ sie es nicht kommen. Sie nahm meinen Arm und zog mich sanft, aber nachdrücklich nach draußen.

Ich wagte einen Versuch in Konversation. »Ganz schön laut hier, was?«

Polly sah mich bewundernd an und nickte. »Das ist nicht meine Musik.«

»Welche isses?«

Sie schüttelte ihre nackten Schultern und machte einige aufregende Bewegungen mit der Hüfte, die ich als Bodycheck mitbekam: »Mambo, Samba und argentinische Tangos...«

»Oh«, sagte ich. Zu mehr war ich nicht in der Lage. Der Rasen des Hügels stieg vor mir auf, wo er eigentlich zum Garten hin hätte abfallen müssen. Mit einigen raffinierten Armbewegungen versuchte ich mein Gleichgewicht und meine Gelassenheit wieder in den Griff zu bekommen, wobei ich etwas Sekt aus der Flasche, die ich als Gegengewicht benutzte, über Polly vergoß.

»Scheiße«, sagte ich.

Polly nahm meine Hand und wischte sich damit lachend über das Decolleté.

Ich war verwirrt.

Ihre Haut fühlte sich an, als hätte der schwebend-lokkende Duft seinen Ursprung in den Ansätzen ihrer Brüste, und nicht in den versiegelten Laboratorien eines Pariser Modegottes.

Oh, tiefes Stöhnen des Fleisches!

Die Empfindung, die diese Berührung auslöste, führte

mich geradewegs zu meinem Dilemma zurück. »Du hast nicht zufällig Angelique gesehen?«

Ich hätte mit der Frage warten sollen.

Polly ließ meine Hand fallen und zog ihre Kinderstirn kraus. »Ist sie nicht mehr hier?«

Ich schaute mich halbherzig im Garten um; einige Pärchen, ein paar Kiffer. Die Holzkohle unter dem Grill war verglommen.

Ich zuckte mit den Schultern und nahm einen Schluck aus der Flasche.

Polly ebenfalls, und dann nahm sie wieder meinen Arm. »Du brauchst dir wirklich keine Sorgen zu machen... sie taucht schon wieder auf. Zuletzt habe ich sie mit Peng! und Jorge gesehen, aber das ist schon eine Weile her...«

Natürlich mit Peng!, sie waren Freunde.

Warum sollte ich mir keine Sorgen machen?

Ich sah die kurze Umarmung bei McDonalds, die Verwirrung auf Angeliques Gesicht. In dieser Berührung hatte mehr Intimität gelegen als in der Milch einer gemeinsamen Amme. »Wer ist Jorge?«

Polly führte mich in einen Teil des Gartens, der noch Baustelle war. Ein Betonmischer und Schubkarren standen herum, Sand lag in Haufen um die Grube eines halbfertigen Pools. »Sie hat dir nicht von Jorge erzählt? Ein abgelegter Freund von mir... es wäre ihr nicht recht, wenn ich was sagen würde. Ich weiß ja auch nicht, wie genau ihr euch kennt. Aber daß sie dir nicht von Jorge erzählt hat... die beiden kennen sich ganz gut... die meisten hier kennen Angelique ganz gut. Ich persönlich glaube ja, daß sie sich verändert hat, seit sie in Berlin ist. Ich will keine alten Geschichten erzählen. Das ist eine schöne Nacht, was, und hier kommt der Pool hin...«

Polly wollte alte Geschichten erzählen, und ich, ich wollte sie hören, wenn nichts wissen schon nicht mehr möglich war.

»Ich will nichts kaputt machen«, sagte Polly.

Es war die Geschichte einer Abiturfahrt. Es gab reichlich Drinks und Joints. Abschied lag in der Luft und weichte die Seelen auf. Einer sagte: Ich will's mit dir machen. Ein anderer sagte: Ich auch. Angelique hatte es immer mehr mit den Jungs gehalten. »Nein«, sagte sie, »nicht ficken.«

Sucky.

Der eine war Peng!, der andere Peter, der dritte Jorge – Pollys ehemaliger Freund.

Polly starrte mich an.

»Und?«

»Und was?«

»Na, hat sie?«

»Natürlich ... hat sie.«

Ich pfiff leise durch die Zähne.

»Das ist alles, was du dazu sagst?« Polly war enttäuscht.

»Na Gott.« Ich lachte. Es war mehr ein Stöhnen. Meine Stimmbänder waren durch das Sniffen narkotisiert. Die Sektflasche rutschte mir aus der Hand und fiel auf den Boden. Ein kurzer Schaumstrahl schoß in den Sand.

»Laß es uns tun«, sagte ich.

»Was?« fragte Polly.

Ich streckte eine Hand nach ihr aus und verdrehte die Augen.

Sie stolperte zwei, drei Schritte zurück.

»Du willst es«, knurrte ich und leckte mir die Lippen, »alle wolln's ... die Tübingen-Münster-Connection ... jetzt ficken wir uns die Kleinstadt aus dem Hirn.«

Haare klebten mir in der Stirn, mein T-Shirt war naß von Schweiß. Den Unterkiefer nach vorn geschoben, starrte ich sie aus geweiteten Pupillen an.

Polly dämmerte, daß mit ihrer Story etwas schiefgelaufen war. Sie stand mit zum Schreien aufgerissenem Mund auf ihren viel zu hohen Pumps und hatte Mühe, ohne einen stützenden Arm das Gleichgewicht zu halten.

Ich bot ihr meine Hand an, trat einen Schritt vor und grabschte nach ihren Titten. Grunzte.

»Laß mich, laß mich, laß mich!« quiekte Polly und versuchte Richtung Party zu entkommen.

Ich war auf Trip genug, um den Spaß riesig zu finden, und nüchtern genug, um ihn eine Weile dauern zu lassen. Polly kam auf dem weichen Boden nur langsam vorwärts. Ich ließ ihr einen großzügigen Vorsprung.

»Uuuhhhrrwwaaagggk!« Mit einem tiefen Brunftschrei stürmte ich hinter ihr her.

Als ich wieder klar war, stand ich auf der Terrasse. Die Leute um mich herum mit zur Abwehr erhobenen Armen, geballten Fäusten. Polly hatte sich hinter einem jungen Mann mit kurzem Blondhaar versteckt. Ich kannte ihn nicht. Er blutete aus der Nase. Auch ein paar andere junge Männer schauten mitgenommen drein. Ich hatte Kratzspuren an den Handgelenken und das Dröhnen von drei Runden Achterbahn im Kopf. Der linke Ärmel meines Jacketts war aus der Schulter gerissen. Ich klatschte in die Hände: »Hätte jemand vielleicht eine ausländische Zigarette für mich... nein? Kein Geschmack nach Freiheit und Abenteuer, nichts, niemand? Na, dann werde ich wohl mal gehen...«

Ohne mich umzudrehen, ging ich zum Ausgang.

Niemand hielt mich auf.

Angelique stand an die Motorhaube des TransAm gelehnt, die Knie zusammengedrückt, die Arme leblos zur Seite. »Eisenkolb, was willst du von mir?«

Keine Antwort wäre mir leichter gefallen. »Gnadenlose Liebe.«

»Was anderes fällt dir nicht ein?«

»Unterschätz das nicht«, sagte ich.

Angelique schlug mit der Faust an den Kotflügel: »Du mußt doch völlig den Verstand verloren haben ... erst mit dieser blöden Kuh und dann eine Prügelei vor allen Leuten ... du hast alles kaputtgemacht, alles machst du kaputt ...«

Ich war nicht schuld. »Vergiß es«, sagte ich. »Vergiß es, vergiß es, vergiß es ... alles Wichser. Außerdem, ich konnte diese Party von Anfang an nicht leiden ...«

Angelique zuckte vor meiner Hand zurück. Sie kletterte in den Wagen, blieb gegen die Beifahrertür gepreßt sitzen.

Vor der Haustür standen ihre Freunde, überwachten unseren Abgang. Angeliques Name wurde gerufen; sie solle lieber bleiben, statt mit einem Verrückten zu fahren.

Ich zeigte der gaffenden Meute meinen ausgestreckten Mittelfinger.

Quietschende Reifen schossen den TransAm in die Nacht.

»Du hättest mich nicht allein lassen dürfen ... zwischen all dem hippen Volk.«

Angelique klang resigniert, auch müde. »Das waren Freunde, die meisten hatte ich seit einem halben Jahr nicht mehr gesehen ...«

»Gefickt«, verbesserte ich.

»Hör auf damit ... ich kann das nicht mehr hören ...!«

Ich schaute ihr zu, wie sie sich mit dem Taschentuch das Wasser aus den Augen wischte. Es war ein großes, weißes Einstecktuch.

Von mir hatte sie das nicht!

Als ich wieder auf die Straße sah, war die Kurve da.

Ich fand die Bremse nicht, gab Gas.

Angelique wurde gegen mich und dann gegen die Fahrertür geschleudert. Sie schrie nicht. Bleich und klein saß sie im schwarzen Leder des Autos.

Ich war es, der schrie: »O Scheiße ja, ich bin der Idiot... ich wollte nicht nach Münster, ich hasse Erinnerung, ich will nichts wissen... mich interessiert nicht, welcher der Helden ein Bild von deiner Möse an der Wand hat, es interessiert mich nicht, weil ich es nicht ertragen kann... aber ich habe ein Recht darauf, in Ruhe gelassen zu werden, ich habe ein Recht darauf, nichts zu wissen... Deine Fotze im Vierfarbdruck, das ist nicht das Schlimmste. Das Schlimmste ist, daß du mich hast in die Falle laufen lassen... aber das ist nicht das Allerschlimmste. Das Allerschlimmste ist... ich will es nicht wissen!«

»Ich habe Angst«, sagte Angelique leise. »Ich hatte schon auf dem Klo bei TEMPO Angst, ich weiß nicht warum, ich hatte die ganze Zeit Angst... aber so was darf man doch nicht zugeben...«

Was konnte ich sagen.

Ich schaffte es, den TransAm heil vor dem Haus ihrer Eltern zu parken. Angelique sprang aus dem Auto, lief die Treppe hoch, lief vor mir weg, lief durch den Flur, durch das Wohnzimmer, die Treppe hoch bis ins Schlafzimmer.

Schluchzend lag sie auf dem Bett, den Kopf in den Kissen vergraben. »Geh weg«, flüsterte sie, »geh weg...«

Ihre Schultern bebten, in ihren Kniekehlen glänzte Schweiß, ein Schuh lag auf dem Boden. Was für ein fantastischer, runder Hintern, dachte ich und legte meine Hand darauf.

Ich war ergriffen von der Zärtlichkeit meiner eigenen Bewegung und Angelique empfand Angst! Angst – und ich wollte doch Liebe.

Meine Stimme war fremd und heiser. »Nein«, sagte ich,

»nein, du mußt keine Angst haben, ich werde nicht weggehen!« Ich beugte mich über sie, wollte sie umarmen.

Angelique schüttelte mich ab.

»Du kannst mich nicht einfach so abschütteln.« Ich lachte. »Du weißt doch, daß du mich nicht abschütteln kannst.«

So war Angelique. Sie wollte das Spiel mit mir spielen. Sie wollte sehen, wie stark ich war.

Ich zeigte es ihr.

Ich drückte ihren Nacken in die Matratze, hob ihr Becken an und schob ihr das Kleid über die Hüfte, pullte mit zitternden Fingern ihr pelziges Loch aus dem Stoff.

Angeliques Haut war weiß, so weiß, als wäre sie ein Laken, in das man sich schlägt, um den Abdruck des Körpers zu hinterlassen. Ihr Hintern zitterte, als hätte er ein eigenes Leben und nur die Angst war es, die ihre Beinschere naß machte. Ich beugte mich über sie. »Aber ich liebe dich«, raunte ich ihr ins Ohr, »ich liebe dich doch ...« Ich preßte meine Stirn in ihren Nacken, dorthin, wo meine Hand einen weißen Druckfleck hinterlassen hatte, klammerte mich an ihre Schultern und plötzlich war der Schmerz da.

Angelique schrie auf, und auch ich schrie.

Ich gab nicht nach. Ich wollte diesen Schmerz, der einem scharfen Gewürz gleich von der Spitze meines Schwanzes bis unter die Haarwurzeln stieg. Ich wollte ihn tief. Ich wollte ihn für sie und mich. Ich wollte, daß es weh tat. Ich wollte, daß wir es nicht vergessen können.

Angelique wollte das nicht.

Da wurde ich böse.

Vorwärts

Ich entschuldigte mich nicht.

Angelique verzieh mir nicht.

Ich fand sie am Morgen im Halbschatten der Veranda. Ihre Haut war weiß, als läge Schnee darunter. Sie trug eine zu große Sonnenbrille, in der Hand hielt sie eine Tasse Milch. Als sie mich sah, begann die Hand zu zittern.

Ein Vogel krächzte aus dem Gebüsch, die Glocken der kleinen Kirche läuteten.

»Du bist eingeschlafen«, sagte Angelique nach einer Zeit des Schweigens. »Wie konntest du einschlafen nach dem, was du getan hast?«

»Ich war müde.«

Angeliques Lachen war ein zerspringendes Glas. »Du warst müde... du hast den Schlaf gehabt... Ich konnte nicht schlafen. Es tat so weh, es brannte... mein Arsch brannte, und in meinem Kopf brannte es auch. Ich wollte nicht neben dir liegen, aber rausgehen wollte ich auch nicht, weil ich hören wollte, was du sagst, wenn du die Augen öffnest, und draußen war es dunkel, und irgendwelche Vögel schrien, aber du hast geschlafen, einfach geschlafen und noch geschlafen, als es hell wurde, aber ich konnte endlich aus dem Zimmer raus...«

Ich setzte mich auf die Terrassenstufen, die Handflächen auf dem kühlen Stein. Der Stein war angenehm zur Haut. »Es war zuviel... zuviel von allem.«

Angeliques Hand streifte meinen Rücken.

»Ist das alles ..., daß es zuviel war?«

Ich schüttelte den Kopf. Ich sah in den Strauch mit den roten Blüten, dessen Name ich noch immer nicht wußte. Ich war dem Rot sehr nahe. »Ich habe überlegt, ob ich mich entschuldigen soll. Ich entschuldige mich nicht, weil ich mich nicht entschuldigen will, weil ... es war großartig.«

»Großartig?«

Ich hörte es hinter mir plätschern. Milch floß mir den Schenkel entlang und tropfte die Stufen der Terrasse hinab.

»Ja, großartig«, sagte ich. »Ich bin fünfundzwanzig Jahre alt und wenn mir nicht ab und zu jemand sagt, daß ich da bin, würde ich es mir selbst nicht glauben ... niemand läßt einen für die Dinge bezahlen, die man wirklich haben möchte, damit sie einem gehören. Für Schrippen kann man bezahlen, für eine neue Jeans, ein Album von Mozart oder Drogen. Aber womit zahlt man für Gewißheit? Wie gehört man sich selbst ... weißt du das? Gestern nacht, da war der Schmerz, und es tat höllisch weh und vorhin auf dem Klo hat mein Schwanz geblutet wie frisch beschnitten, aber in der Nacht, in dem Moment, als der Schmerz ganz neu war, da war ich mir meiner so sicher wie noch nie ... deshalb will ich mich nicht entschuldigen ...«

»Du bist verrückt, Eisenkolb ...«

Die Milch war im Rasen versickert. An meinem Oberschenkel lief ein dunkler Streifen entlang. Ich spürte die Wärme auf meiner Brust, und sie machte mir die Schultern weit.

Als ich meine Hand nach Angelique ausstreckte, zuckte sie zurück. »Faß mich nicht an!«

Ich stand auf und achtete darauf, Abstand zu ihr zu halten. »Soll ich gehen?«

»Ob du gehen sollst? Das fragst du noch ... ob du gehen sollst?«

Ich packte die paar Sachen in die Tasche, den Rasierapparat, die Boxershorts mit den Fröschen und das Bändchen Rilke.

Der TransAm stand schräg auf dem Fußweg. Jemand hatte auf die Frontscheibe gespuckt. Es war ein fetter, glänzender Fladen. Ich wischte ihn mit meinem Tempo weg.

Ich gab Gas. Der Motor blubberte vor sich hin. Ich spürte die Sonne auf meinem Kopf und das Leder an meinem Rücken. Meine linke Hand führte das Lenkrad – locker, aber fest. Langsam rollte ich an den mittäglich dösenden Einfamilienhäusern vorbei. Vorbei an Geranienbeeten und frisch gestrichenen Wintergärten, geleiteten mich die Hinweisschilder grußlos bis zur Autobahn.

Ich fühlte mich leer. Ich fühlte mich, wie das Schwein sich gefühlt haben muß, als es kopfüber an den Hinterfüßen von einer Leiter hing. Ich sah es auf einem Schlachtfest. Seine Haut war rosig, aber innen war das Schwein hohl. Seine Eingeweide lagen vor ihm in einem Bottich.

So fühlte ich mich, und ich stand auf der Neckarbrücke in Tübingen, dort, wo die Insel den Fluß teilte. Die letzten Wochen war viel Aufregung gewesen wegen 1984 und den neuen Raketen, die doch kamen, und manchmal war die Sonne abends so rot, daß es aussah wie ein Zeichen, und ganz Vorsichtige hatten schon Decken gekauft und Büchsen mit Linsen und Würstchen und ihre Schlafzimmer zu atomwaffenfreien Zonen erklärt. Dann zog das Gewitter vorbei, was fast eine Enttäuschung war, so langweilig war alles geworden und ohne Ideen, und ich stand auf der Brücke und schaute in den träge dahinfließenden Fluß, die Sonne schwamm darin und eine Ente, die war noch bunt, aber schon tot. Als ich an diesem Tag zurückkam zu Karen, sagte ich: Los, laß uns hier abhauen, ich halte es nicht mehr aus. Wir packten unsere Sachen und zogen nach Berlin, weil, wenn schon, denn schon, und Berlin war immer noch etwas Besonderes, auch als wir ankamen. Aber als wir da waren, da war es wie Tübingen, nur größer, und alle waren gerade dabei, sich in ihre Löcher zu verziehen und die Wunden zu lecken, und ich wurde wütend und dachte mir, wenn keiner mit mir, dann eben ich alleine. Also zog ich los, mir das wunderbare Leben einzureden, welches ich mir gewünscht und das ich glaubte, verdient zu haben, und eine Wohnung gab es auch, die war besser als die in Tübingen. Aber Karen war nicht glücklich, denn in Tübingen war sie nicht unglücklich gewesen, sondern nur unglücklich mit meiner Unzufriedenheit, aber die hatte ich ja mitgenommen, also war keine Besserung in Aussicht, und ich nahm Karen übel, daß sie es mir nie gesagt hatte, daß sie doch nur ein kleines, überschaubares Glück wollte, während ich noch immer nicht wußte, was ich will.

Ich zog durch die Kneipen, und ich lernte schnell, und viel trinken ist auch eine Arbeit, und Arbeit war sehr angesagt, auch beim Sender, für den ich hin und wieder schrieb, bis ich eine Sendung hatte, die hieß BRIGHT LIGHTS, und eigentlich war es ein Wunsch, und zwischendurch legte ich an verschiedenen Orten verschiedene Frauen um, fickte Sie von oben, von unten, von der Seite oder ließ sie machen, wie sie lustig waren, aber viel brachte das nicht und gesundheitsgefährdend wurde es außerdem. Nur zu Hause war die Hölle los, Haß ist auch ein sehr starkes Gefühl, aber auf die Dauer reicht er nicht, und wenn dann nichts kommt, kommt gar nichts mehr und überhaupt; obwohl ich immer alles anders machen wollte als die anderen, machte ich es doch allen recht, weil ich hören wollte, wie gut ich das machte, und wenn es dann jemand sagte, ertrug ich es nicht, weil ich wußte, daß ich eine Lüge war, was mir beim Sender nicht weiterhalf, aber einige Monate mit Georg bescherte, in denen wir uns gegenseitig oder jeder sich selbst – oder wie auch immer – bedauerten, und dabei saß ich auf dem Balkon, war vierundzwanzig, wurde fünfundzwanzig, was ein Vierteljahrhundert ist, und daran erkennt man, wie lang das ist, denn seit Christi gab es erst zwanzig Jahrhunderte, bis Georg mir seine Wohnung überließ, und da fing plötzlich etwas anderes an, aber das eine waren Jahre und das andere nur Tage, nicht einmal eine Handvoll, und dann war da Key. Und mein Schwanz brannte beim Pissen, die Vorhaut war eingerissen, mein Short voller Blut. Wir hatten uns wehgetan, Angelique und ich, die alte Geschichte von Liebe und Schmerz, und es wird bestimmt noch in hundert mal hundert Jahren nicht zu trennen sein, das eine vom anderen. Ich wickelte meinen Schwanz in Klopapier: Vorübergehend geschlossen, und wollte nichts mehr zu tun haben mit dem einen und dem anderen, und von Keys Kokain war nur noch eine winzige Prise übrig, die war mir schon zuviel. Weg mit diesem Teufelszeug, dachte ich, aber als die ersten Kristalle aus dem weißen Tütchen in das Toilettenbecken rieselten, zuckte meine Hand, die Knie wurden mir weich, und das hatte nichts mit Schwäche zu tun, sondern mit einem Gefühl wie Weihnachten, Lichterglanz und tiefe Stille. Mein Herz schlug, und es schlug noch, es war viel Raum um mich, und langsam zog ich die Hand mit dem Tütchen zurück. Ein klarer, herber Hauch wehte durch die uringeschwängerte Atmosphäre der Toilettenzelle, ich rutschte in die Hocke, die Toilettentür im Rücken. Das Porzellanbecken vor mir, von schwarzen Sprüngen und gelben Spritzern übersät, wurde mir zum Schlachttisch, zum Altar meiner Andacht, und ich sog den letzten Rest von Manok Kapaks Gabe ein: der Sohn der Sonne und der herbe Duft des Cocas, der Geruch von Fäulnis, das Stöhnen des Mannes, eine Pappwand neben mir, Angeliques Blut, Claudias Tanz, der Schmerz und meine Ohnmacht, alles wurde eins in diesem einzigen, klaren Strom, der sich Manok Kapak nannte, der in grauen Vorzeiten von den Hängen des Titicaca-Sees herabstieg und das Wunderkraut den Menschen brachte, und Key, der mir davon erzählt hatte, war nicht ohne Wissen, nicht ohne Wille, es zu ergründen, nicht aber Schlitzer, von dem würde Manok Kapak seine Hand nehmen, weil er sich nicht bemühte, ihn zu verstehen, sondern immer nur das Geschäft.

Als über der Avus die Lichter des Funkturms auftauchten, hatte Berlin mich wieder und wollte mich nicht mehr oder weniger, als es jemals jemanden gewollt hat.

Ich fuhr vom Ring herunter auf den Ku'damm, dort staute es sich vorabendlich, und als ich vor roten Stopplichtern zu stehen kam, war mir klar, daß das wieder ein anderes Tempo war.

Ich hielt am Adenauerplatz und preßte mir die Hände ans Gesicht. Langsam ließ es nach.

Das war Berlin zirka fünfzig Stunden später, der Abend war drückend und staubig, aber ich fühlte mich nicht schlecht. Das war die Fahrt, und vielleicht war sie auch schuld daran, daß ich mich auf Key freute. Ich würde ihm in die Augen schauen, und er würde vom Pferd steigen. Wir würden einen Altar bauen, gemeinsam zu Manok Kapak beten und dann schauen, was hinter den Posen lag.

Die Wagentür stand offen, der Lärm klang wie der Soundtrack zu einem Film, der nicht gut ausgeht: Sehnsüchtig gejagt ziehen Wolken durch den Ausschnitt Himmel. Ein Verkehrsschild mit einer Entfernungsangabe in Meilen steht wie vergessen. Der Held schlägt den Kragen seiner Jacke hoch. Er sieht der Frau nach, die hell und gerade davongeht. Er weiß, daß sie nicht bei ihm bleiben kann, daß sie jetzt nicht bleiben kann. Aber er weiß auch, daß er sie immer wieder finden wird, denn sie hat einmal okay gesagt, Angelique hat einmal okay gesagt, und beide wissen, daß ein richtig gutes Okay das schwierigste ist, was man heutzutage sagen kann, und sie hatten es gesagt.

Es kam anders.

Als ich vor Georgs Tür stand, fand ich sie unverschlossen. Ein Zettel lag auf dem Boden. Ich hob ihn auf. Es war eine herausgerissene Buchseite. Ohne es zu wissen, verstand ich das Zeichen: Koranverse. O Gott, dachte ich, bloß nicht die Araber. Ich stopfte die Seite in die Hosentasche. Erst klopfend, dann Keys Namen rufend stürmte ich mit weichen Knien die Wohnung.

Im dämmrigen Licht des frühen Abends saß er auf dem Stuhl.

Zu erschrecken blieb keine Zeit. Gerade noch genug Zeit, um zu erkennen, daß es meine Schuld war.

Dann ging mir das Licht aus.